한 권으로 끝내는
경매
소송
추심
등기
완전 정복

1판 1쇄 펴낸 날 2025년 10월 13일

지은이 전병수

펴낸이 나성원
펴낸곳 나비의활주로

책임편집 박선주

디자인 BIG WAVE

전자우편 butterflyrun@naver.com
출판등록 제2010-000138호
상표등록 제40-1362154호
ISBN 979-11-93110-80-5 03320

※ 이 책은 저작권법에 따라 보호받는 저작물이므로 무단 전재와 무단 복제를 금지하며,
　이 책의 내용을 전부 또는 일부를 이용하려면 반드시 저작권자와 도서출판 나비의활주로의
　서면 동의를 받아야 합니다.
※ 책값은 뒤표지에 있습니다.
※ 잘못된 책은 구입하신 곳에서 바꾸어드립니다.

전체를 보는 ——— 실전 경매 가이드

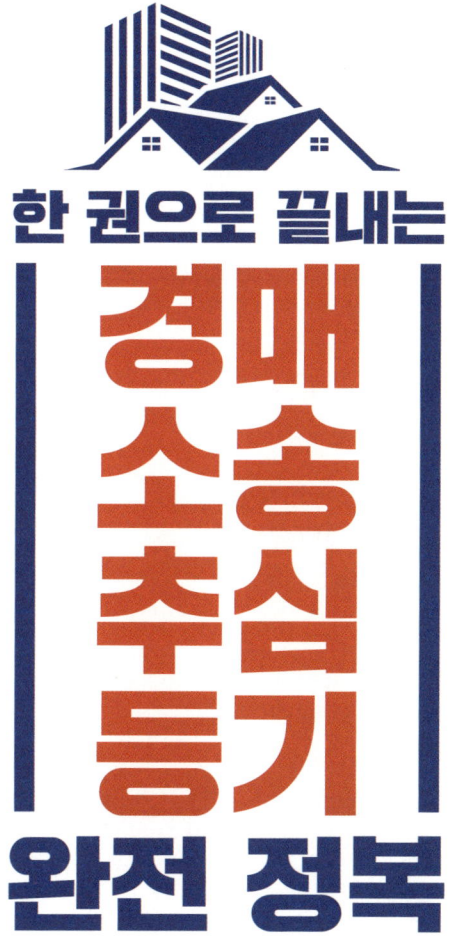

한 권으로 끝내는
경매 소송 추심 등기
완전 정복

전병수 지음

나비의 활주로

CONTENTS

PROLOGUE 07

1장 경매 10

돈, 이자, 경매 그리고 자본주의 12
우리나라 경매관련 법률 변천사 15
경매의 두 갈래: 임의경매 vs 강제경매 18
법원 경매 절차를 공부해보자! 23
경매와 공매의 차이점은? 30
권리분석 쉽게 하기 36
주택임대차보호법 살펴보기 40
상가임대차보호법도 알아보자! 44
경매배당 분석하기 60
경매 낙찰 이후 절차는? 69
명도협상 Know How 72
인도명령 신청하기 76
명도소송 진행하기 84
강제집행 셀프로 해보기 94
경매 돌발상황에 대처하는 노하우 104
후순위 임차인이 대위변제를 했을 때? 105
채무자가 경매집행 정지를 신청했을 때?1 107

2장 소송 … 112

경매와 소송을 함께 공부해야 하는 이유 … 114
법원의 체계에 대해 알아보자! … 116
자본주의 사회에서 분쟁을 해결하는 방법은? … 118
민사소송의 종류는? … 122
경매의 시작 - '빚과 차용증' … 124
상대방이 빚을 갚지 않을 때 어떻게 해야 할까? … 127
소송 착수 전 → 내용증명부터 보내기! … 129
집행권원 만들기 1탄 - 지급명령 … 134
집행권원 만들기 2탄 - 민사소송 … 142

3장 추심 … 164

추심하는 방법 … 166
재산명시 … 168
재산조회신청이란? … 173
채무불이행자명부 등재 … 175
통장·카드 압류 … 177
강제경매 신청으로 못 받은 돈 회수하기 … 183

4장 | 등기   190

등기부등본이란?   192
소유권이전등기 셀프로 진행하기   197
주소가 바뀌었을 때 셀프등기하는 법   213
근저당설정등기 셀프로 진행하기   217
근저당권설정 해지하기   230
등기 원본을 분실하였을 때   237
법인 본점 주소이전등기 신청하기   239
법인 임원 주소변경등기 신청하기   247
법인 임원변경등기 셀프로 진행하기   252

5장 | 전세   260

전세제도와 경매에 대한 고찰   262
전세제도의 문제점과 법적 안전장치   265
전세사기 vs 역전세 vs 깡통전세 vs 갭투자   280
전세보증금을 돌려받는 법   283

PROLOGUE

"불현듯 그때 경매가 왔다."

내 인생의 40대는 경매에 미쳐 있었다. 40대 초반인 2012년 가을, 약 16년간 잘 다녔었던 국정원. 그것도 조직 내에서 나름 인정을 받아 왔기에 1순위 대상자로 서기관 승진을 앞두고 있던 그 시점에 필자는 답답한 직장생활에 상당한 매너리즘을 느끼고 있었다. 인생에서 새로운 도전을 갈망하고 있었기에, 누구나 선망하는 앞길이 보장된 탄탄대로에서 홀연히 벗어나 돌연 새로운 선택을 강행했다.

'이 자리는 더 이상 내가 있어야 할 자리가 아니다. 자본주의 사회에서 경매라는 효율적인 투자시스템을 알고 있는 나는 충분히 바깥세상에서 생존할 수 있어.'라는 나만의 결론을 내리고 과감히 은퇴했다.

퇴직한 지 약 13년이 경과한 지금, 나는 경매투자를 통해 남들보다 더 열심히 살지 않아도 더 잘 벌고 있다. 그리고 나만의 인생스케줄에 따라 경매학원에서 직접 강의하고 있고, 某 대학교 강단에서는 학생들에게 그동안 산전수전 공중전까지 치르며 습득해온 경험들을 부동산 경매수업으로 녹여내어 강의도 하고 있다.

  실패를 두려워하지 않고 시도하는 삶이야말로 진짜 도전의 증거다. 성공이란 수많은 실패의 과정을 거쳐야 비로소 그다음 길이 열리게 된다. 이 책은 필자가 약 20여 년간 치열하게 분투하며 터득해온 '실전' 경매 경험을 바탕으로 저술했다.

이 책을 쓰게 된 연유 및 보는 요령

  어느 날 밤 잘 아는 대학 선배로부터 전화가 걸려 왔다. 전세로 사는 아파트가 계약만료가 되어 다른 곳으로 이사하려는데 집주인이 전세보증금을 돌려주지 않아 속앓이 중이라고 한다. 얼마 전에는 필자가 운영하는 학원에 신문 지상에서 떠돌던 빌라 전세 사기를 실제로 당해서 고통을 겪는 한 젊은 부부가 찾아왔다. 이처럼 전세를 둘러싼 각종 사건 사고는 대한민국에서 사는 누구에게나 발생할 수 있는 현실이다.

  이 책은 '한 권으로 끝내는 경매·소송·추심·등기 완전정복'이라는 제목대로 1장 경매, 2장 소송, 3장 추심, 4장 등기, 5장 전세 등 크게 5장으로 나뉘어 있다.

  5장 전세편은 임차권등기명령이나 보증금반환 청구소송 방법, 강제경매를 신청하는 방법 등 법전공자가 아닌 경매 생초보라도 누구나 쉽게 대처할 수 있도록 저술하였다.

근 20여 년간에 걸친 실전 경매 과정에서 필자가 느낀 점은 제대로 된 경매를 위해서는 소송, 추심, 등기까지 모두 같이 보아야 전체를 볼 수 있다는 것이다. 어찌 보면 이 책은 법학전공자가 아닌 인문학도의 시각에서 경매를 이해하고, 실전에서 써먹을 수 있는 기술서다.

필자는 늘 자유로운 영혼을 꿈꾼다. 마치 저 하늘에 떠다니는 구름처럼. 경매는 이러한 경제적 자유를 실현하는 효율적인 투자수단이었고, 약 20년에 걸친 내 노력의 분투 과정을 단 한 권으로 요약한 결정체가 바로 이 책이다.

- 1장 -
경매

돈, 이자, 경매 그리고 자본주의

자본주의 사회에서 돈이 돈을 만들려면 먼저 돈이 있는 그 누군가로부터 돈을 빌려야 한다. 돈을 빌려주는 사람을 채권자, 빌리는 사람을 채무자라고 한다. 예를 들어 채무자가 채권자에게 2천만 원을 빌리면서 쌍방 합의하에 차용증을 작성했다고 가정해보자. 그런데 만약 채무자가 채권자에게 약정일에 돈을 못 갚는 불상사가 생기면 어떻게 해야 할까?

　조선시대 같았으면 채권자(양반)는 채무자에게 찾아가 멍석말이를 시키든가 머슴으로 삼던가, 돈을 받기 위해 매우 극단적인 방법을 쓸 것이지만 현대 사회에서는 이와 같은 자력구제를 절대로 해서는 안 된다. 법치주의국가에서 채권자는 먼저 차용증을 근거로 채무자를 상대로 소송을 해야 한다. 이를 민사소송이라 한다. 하지만 민사소송에서 이겼다고 해도 모든 게 끝나지는 않는다. 승소했다는 사실은 예를 들어 "채무자는 채권자에게 2,000만 원+알파를 지급하라."는 것을 법원에서 인정했다는 것일 뿐 상대방이 버티면 또 다른 수단을 써야 한다.

〈조폭마누라〉와 같은 영화에 나오는 '깍두기'들을 써서 채무자에게 유무형의 압박을 가해 돈을 받아오게 할 수도 있겠지만, 이는 바람직한 방법은 아니다. 승소판결 후에도 상대방이 자발적인 이행을 거부한다면, 채권자는 통장·카드 압류나 경매 등의 '강제집행' 절차를 밟을 수밖에 없다. '강제집행'이라는 어감이 다소 과하게 느껴지지만, 자본주의 사회에서는 채권자가 스스로 폭력을 써서 채무자 재산을 강제로 빼앗거나(자력구제) 노예로 삼을 수는 없다. 채권자는 오직 법원을 통한 방법을 강구해야 한다.

채권자는 먼저 수소법원에 소장을 내어 승소판결을 받은 후에 강제집행을 해줄 집행법원에 경매신청을 해야 한다. 우리가 흔히 알고 있는 경매법정들은 바로 강제로 채무자의 재산을 빼앗아 채권자에게 돌려주는 기관인 것이다. 그래서 경매가 진행되는 법원을 '집행법원'이라고 한다.

다시 말해서 '경매'란 채무자에 대한 강제집행 절차가 시작되는 단계로 볼 수 있다. 경매가 진행되는 와중에 채권자는 채무자가 재산을 사전에 빼돌리지 못하도록 집행법원에 '가압류'를 신청하여 채무자가 빨리 팔아치울 수 있는 물건(유체동산)에 압류딱지를 붙여 놓은 후에 판결이 확정되면 강제로 경매에 부치게 된다.

자본주의 사회에서 가장 흔한 채권자는 바로 은행이다. 만약 은행들을 다 파산시켜버린다면 채무자들의 빚은 탕감될까?

참고로 IMF 시절에 함께 일했던 직장 선배는 외환은행에서 대출을 받아 집을 샀었는데 당시 외환은행이 부실화되자 속으로 쾌재를 부르고 있었다. 필자에게도 은근히 자신의 대출 빚이 탕감되지 않을까 하는 기대감을 비추었다. 하지만 자본주의 사회에서 채무자의 빚은 쉽사리 탕감되지 않는다. 외환은행의 천문학적 부실채권은 론스타로 싸게 넘어갔고 론스타는 이러한 부실채권을 싸게 산 후에 나중에 우리나라 경제가 정상화되었을 때 경매 등을 통해 천문학적 수익을 거두었다.

결론적으로, 경매란 판결에 근거한 채권자의 신청으로 국가의 공권력을 이용해 채무자의 재산에 집행하는 절차다. 우리의 법체계도 소송을 하는 단계를 민사소송법, 강제집행에 대해 규정한 법이 민사집행법이다. 그래서 경매를 제대로 알려면 민사소송법과 민사집행법부터 공부해야 한다.

우리나라 경매관련 법률 변천사

우리나라에서 부동산 경매는 과연 언제부터 시작되었을까?

한일합방 이후에는 1912년 공표된 조선민사령(제16조~72조)에 의해 일본민사소송법이 부분적으로 의용되었고, 1945년 해방 이후 미군정하에서는 미군정법령 제21조에 따라 당시 현행법이 유효한 법으로 확인되어 준용되어 왔다.

우리나라 법에 근거하여 본격적으로 부동산 경매가 시작된 것은 사실상 1960년 7월 이후라고 볼 수 있다. 당시 자본주의 기틀이 확립되기 시작하면서 사회 실정에 적합한 소송절차를 확립하기 위해 1960년 4.4 민사소송법이 제정되었고, 약 3개월 후인 7월 1일부터 본격 시행되었다.

1960.4.4. 법률 제547호로 제정된 민사소송법은 제7편 강제집행편에서 제1장 총칙, 제2장 금전채권에 관한 강제집행, 제3장 금전채권 외의 채권에 관한 강제집행, 제4장 가압류와 가처분에 관한 규정을 두었었다.

1982.1.15. 법률 제968호 경매법이 제정되어 담보권 실행 등을 위한 경매(임의경매)에 관한 규정을 포함했다.

1990.1.13. 법률 제4201호로 제정된 민사소송법에서는 제7편 강제집행편 내에 '담보권의 실행 등을 위한 경매'에 관한 규정을 신설함으로써 판결절차에 의하지 않은 담보권 실행을 위한 경매 절차를 강제집행편에 편입하는 한편, 종래 이 절차에 적용하던 경매법을 폐지하였다.

1997년 말 IMF외환위기가 들이닥치면서 부동산 시장이 급랭하면서 사상 유례없이 부동산 경매 물건이 급증하게 된다. 2000년 전국적으로 54만건 이상의 경매 물건이 쏟아지자 이를 소화하기 위해 경매법원이 대거 신설되고 경매계도 증설되었으나 기존 민사소송법 강제집행편에 있는 경매관련 제도로는 한계가 있었다. 이에 2002년 1. 26. 법률 제6627호에 의하여 민사소송법을 전면 개정하였다. 舊민사소송법 중 강제집행 및 가압류·가처분 등 보전 절차에 관한 규정을 따로 분리해 별도로 민사집행법을 제정하였다. 2002.7.1. 본격 시행된 민사집행법은 총칙(제1편), 강제집행(제2편), 담보권 실행 등을 위한 경매(제3편), 보전처분(제4편)으로 구성되어 있다.

개정된 법에서는 경매 대중화와 매수인 지위 보호 강화에 초점을 맞췄다. 예를 들어, 매수신청보증금을 매수신청가격의 1/10로 하던 것을 최저매각가격의 1/10로 바꿔 입찰자 부담을 완화했고, 인도명령 대상자도 소유자, 채무자 외에 대항력 없는 후순위임차인까지 포함해 간단하게 명도할 수 있는 길을 열어 놓았다. 사실상 우리나라에서 일반인에게 경매가 대중화된 것은 2002년 7.1. 이후라고 보면 된다.

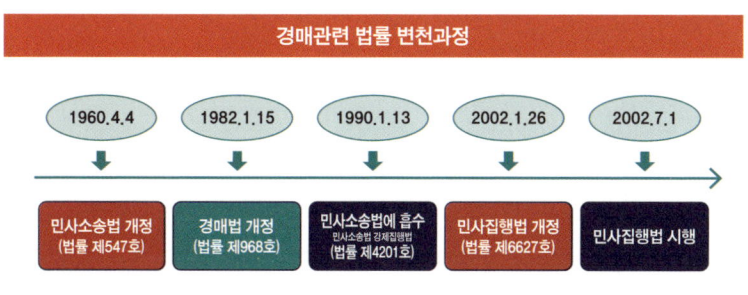

경매의 두 갈래: 임의경매 VS 강제경매

우리 사회에서 부동산 경매에 대한 일반적인 인식은 그리 좋지 않은 편이다. 흔히 경매투자자를 망한 사람의 집을 강제로 빼앗아 차디찬 거리로 내모는 냉혈한으로 인식하는 등 부정적인 이미지가 강한 편이다.

그렇지만 경매는 자본주의 사회에서 부정적 측면보다 순기능적인 측면이 훨씬 많다. 우리가 사는 자본주의 세상은 모두가 서로 연결되어 있다. 예를 들어 A라는 사람이 모 아파트 전세 계약을 하고 계약금을 낸 후에 1달 후 입주하기로 했으나 잔금을 못 치른다고 가정해보자. 이런 경우 계약금이 몰수될 A의 피해로만 끝나지 않는다. 이사할 집의 기존 전세임차인은 A의 잔금을 받아 다른 곳으로 이사 가야 하는데 이사를 못 갈 경우 위약금 등 엄청난 피해를 볼 것이다. 여기에다 미리 이삿짐센터와도 이사 계약을 했을 테고 여기에서 일당을 받는 노무자도 피해를 볼 것이고, 공인중개사도 복비를 받지 못할 것이다.

자본주의 사회에서 경매는 실타래처럼 얽혀있는 채권자와 채무자 간 재산 다툼과 각종 분쟁을 법원이라는 공적 기관을 이용해 최대한 빨리, 그리고 공평하게 풀어주는 자동차의 윤활유와 같은 순기능적 역할을 한다.

경매는 크게 임의경매와 강제경매 두 가지로 분류할 수 있다. 이 중에 임의경매는 무엇을 의미할까?

자본주의 사회에서 돈이란 마치 인체 구석구석을 돌아다니며 필요한 영양분을 적시에 공급해주는 피와 같은 존재다. 은행은 이러한 자본이라는 피를 공급해주는 심장과 같은 역할을 한다. 돈이 시장에 잘 돌지 않으면 기업은 사업을 제대로 영위할 수가 없고, 대출받아 개인 사업장을 운영하는 자영업자도 장사를 잘할 수가 없다.

은행은 자본주의 사회에서 모두가 필요로 하는 돈을 공급하는 존재이며, 가장 큰 핵심 업무는 예금과 대출이다. 즉 돈을 맡긴 손님에게는 이자를 주고, 돈을 빌려준 손님에게는 이자를 받는데, 이때 은행이 돈을 버는 원리는 예금과 대출의 마진, 즉 예대마진(예금과 대출의 금리차)에 있다.

모든 은행은 예대마진을 많이 남기기 위해 가능하면 대출을 최대한 늘리려고 한다. 은행들은 대출을 많이 해주면 해줄수록 이득이니 가급적이면 보유 중인 예금 전부를 대출로 돌리려고 하지만, 금융감독원은 은행들이 대출로 돌리지 않는 현금을 일정 비율만큼은 꼭 가지도록 규제한다. 이를 지급준비율이라고 하는데 우리나라는 통상 7% 비율을 지키도록 한다. 경기 급변동에 따른 갑작스런 대규모 예금인출사태, 즉 뱅크런에 대비하기 위한 목적이다.

앞에서 거론했듯이 은행의 주 수입원이 대출인데, 만약 돈을 빌린 채무자가 돈을 갚지 않으면 어떻게 될까? 한두 명의 채무자가 돈을 갚지 않는다면 감당할 수 있겠지만, 1997년 IMF 사태처럼 수백 명, 수천 명의 채무자가 동시에 채무를 상환하지 않는 예측불허의 사태가 발생한다면 은행들은 파산할 수밖에 없을 것이다.

자본주의 사회가 안고 있는 이러한 은행의 구조적인 문제점들을 사전에 방비하기 위한 법적인 장치가 바로 임의경매 제도다. 은행들은 채무자가 제때 이자를 내지 않으면 대출 시 담보로 잡아놓았던 채무자의 부동산을 바로 경매를 쳐서 상환받으려고 한다. 이때 은행들이 일일이 소송을 진행할 경우, 비용이나 시간 면에서 매우 번거로울 것이다.

임의경매는 별다른 소송 절차없이 집행법원에 채무자 부동산에 대해 경매신청할 수 있으며, 빌려준 대출금을 손해 없이 환수받을 수 있다.

임의경매의 프로세스를 간단히 살펴보면, 은행은 돈을 필요로 하는 개인들에게 대출을 해줄 때 소유부동산에 통상 대출금액의 120% 상당의 채권최고액을 포함한 근저당을 설정해둔다. 이때 은행은 채무자가 3개월 이상 이자 연체 시 은행이 채무자 소유부동산을 임의로 경매칠 수 있다는 내용의 대출각서를 작성케 한다. 따라서, 은행은 채무자가 3개월 이상 이자를 연체할 경우 별다른 소송을 진행하지 않아도 미리 약정해둔 대출각서를 토대로 채무자의 동의 없이도 법원에 임의경매를 신청한다. 은행이 임의경매 신청서를 제출하면, 법원은 채무자의 부동산을 압류(경매개시기입등기)한 후에 경매 절차를 진행(환가)한다. 채권자인 은행은 제삼자가 낙찰받은 후 배당절차를 통해 기존 채무자에게 빌려준 원금과 연체이자 및 경매 집행비용까지 모두 받아낼 수 있다.

이러한 형태의 경매를 임의경매라 하며, 자본주의 사회에서 은행은 임의경매라는 매우 유익한 제도가 있기에 속사정을 알 수 없는 불특정 다수에게 그의 부동산을 담보로 거액의 돈을 빌려줄 수가 있다. 법원에서 진행되는 경매 사건의 대부분은 임의경매 사건이라고 보면 된다.

이처럼 임의경매는 미리 채무자의 부동산에 근저당권 설정을 한 후에 나중에 채무자가 약속을 이행하지 않을 경우 별다른 소송 절차없이 임의로 채무자의 부동산을 경매에 넘기기에 담보권의 실행을 위한 경매라고 한다.

'임의경매'란 용어는 사실 법률용어는 아니며, '강제경매'란 용어에 대비해서 편의적으로 쓰는 강학적 용어로 이해하면 된다. 민사집행법에서는 '담보권의 실행을 위한 경매'라는 용어를 쓴다.

> **민사집행법 제 264조(부동산에 대한 경매신청)**
> 부동산을 목적으로 하는 **담보권을 실행하기 위한 경매신청**을 함에는 담보권이 있다는 것을 증명하는 서류를 내야 한다.
> 담보권을 승계한 경우에는 승계를 증명하는 서류를 내야 한다.
> 부동산 소유자에게 경매개시결정을 송달할 때에는 제2항의 규정에 따라 제출된 서류의 등본을 붙여야 한다.

강제경매는 채권자가 약속을 이행하지 않는 채무자를 상대로 법원에 소송을 진행한 후에 판결문(집행권원)을 받아 채무자의 재산을 강제로 경매에 넘겨 채권변제를 받는 것이기에 집행권원에 기한 경매라고 한다.

최근에 전세사기 사건이 빈발하고 있는 가운데 집주인으로부터 보증금을 돌려받지 못한 세입자가 임차보증금 반환청구소송을 걸어 승소판결을 받은 다음에 이를 토대로 집주인의 부동산을 강제로 법원에 경매에 부치는 사건이 비일비재한데, 이러한 류의 경매 사건을 강제경매라 한다.

강제경매는 채권자가 채권 회수를 위해 채무자의 재산에 대해 강제력을 행사하는 방법으로 집행권원(확정판결, 지급명령, 화해조서 등)을 가진 채권자의 신청에 의해 법원이 채무자의 소유재산을 압류하여 민사집행법 절차에 따라 부동산을 매각하는 경매이다.

법원 경매 절차를 공부해보자!

경매 절차가 다소 복잡하니 경매 매각기일을 중심으로 매각 이전 절차와 매각 공고와 배당기일까지 매각 이후 절차로 나누어 살펴보자.

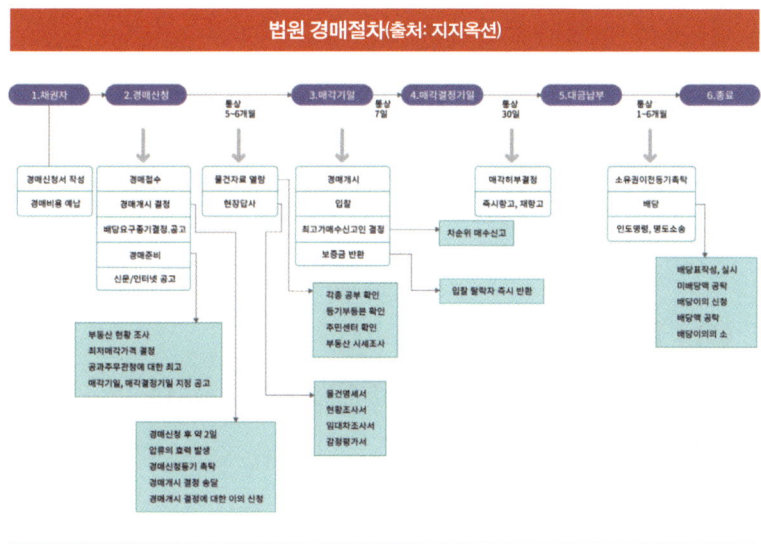

채권자 경매신청 및 경매개시결정

경매는 채권자가 증빙서류를 갖추어 법원에 경매를 신청하고 절차비용을 예납하면서 시작된다. 관할 집행법원은 채권자의 경매신청서가 접수되면 서류 심리 후 타당성이 인정되면 경매개시결정을 내리고 해당 부동산을 압류한다. 그리고 법원은 이틀 안에 관할 등기소에 기입등기를 촉탁하여 경매개시결정 사실을 등기부에 기입한다. 이후 경매개시결정 정본을 3일 안에 채권자와 채무자 및 이해관계인들에게 송달한다.

배당요구의 종기결정 및 공고

법원은 경매개시결정 등기 촉탁 후 3일 안에 담보물의 소유자, 채무자, 채권자 등 이해관계인에게 경매개시정본을 송달한다. 이때 채무자나 소유자가 송달 받지 않으면 매각이 진행되지 않는다.

* 저당권자, 공유자, 임차인 등에게 채권이나 보증금 신고를 통지한다.

법원 현황조사 실시

법원은 경매개시결정 등기가 기재된 후 3일 안에 현황조사와 감정평가를 진행한다. 집행관은 현장에 나가 경매를 진행할 목적물의 현황과 등기부가 일치하는지 여부 및 점유자가 누구인지 등 해당 부동산에 대한 현황 조사를 실시한다.

감정평가 실시

법원은 감정평가기관을 통해 해당 목적물의 경매가격을 평가하도록 명령한다. 법원은 현황조사와 감정평가금액을 근거로 최저매각가격을 정한다.

매각 및 매각결정일의 지정 및 공고 통지

법원은 매각물건명세서를 작성해 매각기일을 정하고 입찰 2주 전 신문에 공시한다. 매각물건명세서는 매각기일 7일 전부터 법원경매정보 사이트에 공개한다.

TIP | 집행법원, 집행관, 사법보좌관

◆ **집행법원**이란 특정 사건에 대해 강제집행의 권한을 행사할 수 있는 법원을 말하며, 해당 부동산 소재지 지방법원이 관할한다.

◆ **집행관**은 지방법원에 소속되어 관련 법률에 따라 송달업무, 부동산 현황 조사, 입찰의 실시 및 입찰 조서 작성, 부동산 점유이전금지가처분 집행, 유체동산 압류, 가압류, 대집행, 인도명령 및 명도청구의 집행 등의 사무에 종사하는 사람을 말한다. 집행관은 10년 이상 법원주사보·등기주사보·검찰 또는 마약주사보 이상의 직급으로 근무하였던 사람으로서 지방법원장이 임명하며 그 지방법원에 소속된다. 집행관은 국가로부터 봉급을 받지는 않으나, 실질적 의미에서 국가공무원으로서 그 직무상 불법행위로 인해 타인에 손해를 끼친 경우에는 국가가 배상책임을 진다.

◆ **사법보좌관**은 민사소송법, 민사집행법 등에 규정된 법원의 사무 중 대법원 규칙이 정하는 업무를 할 수 있으며, 법관의 감독을 받아 업무를 수행한다.(법원조직법 제54조 제3항) 사법보좌관은 법원사무관 또는 등기사무관 이상 직급으로 5년 이상 근무한 사람, 법원주사보 또는 등기주사보 이상 직급으로 10년 이상 근무한 사람 중 대법원규칙이 정하는 사람으로 한다.(법원조직법 제54조 제4항)

TIP | 매각물건명세서 보는 법

◆ **매각물건명세서**는 법원이 경매 대상 부동산에 대한 감정평가액, 최저매각가격, 점유관계(점유자, 임대차 기간, 보증금, 전입신고 일자) 등을 상세히 기재해 둔 문서이기에 입찰자가 가장 세심하게 살펴봐야 한다.

◆ **매각물건명세서에서 분석할 내용**

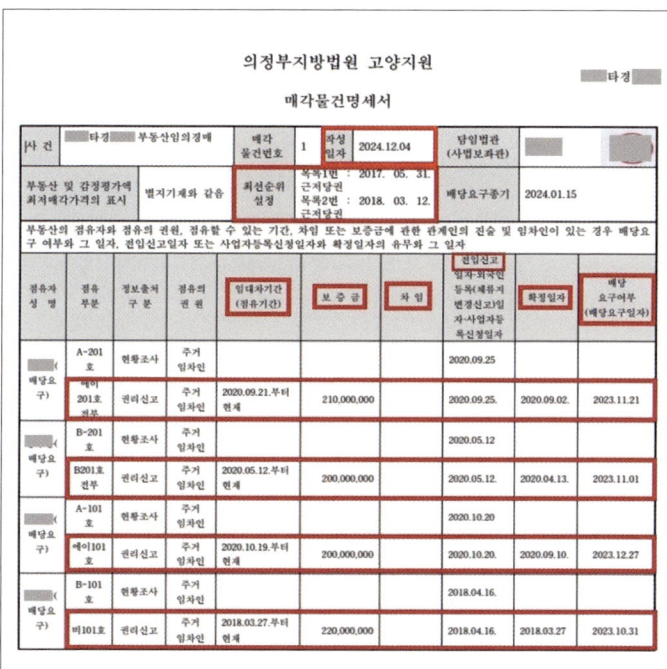

① **작성일자**: 작성 시점을 기준으로 낙찰까지 어느 정도 경과했는지 파악
② **최선순위 설정**: 말소기준 권리가 되는 등기를 확인
③ **점유자의 상세정보 파악**: 가장 꼼꼼하게 체크해야 할 부분이다.

특히, 다가구주택이나 다세대주택의 경우 임차인 정보가 매각물건명세서상에 정확히 나와 있기에 나중에 명도 전략 수립에 효과적으로 참고할 수 있다.

◆ 입찰 공고 및 매각의 실시

법원의 매각 공고가 진행되고 2주가 경과하면 1차 매각기일이 정해진다. 이때 일반인들은 옥션원·부동산태인 등 유료 경매사이트를 통해서 매각 공고가 진행된 매각 물건들을 열람할 수 있다. 만약 1차 매각기일에 아무도 입찰하지 않으면 유찰된다. 30일 정도 경과 후 20~30% 저감된 가격으로 2차 기일이 지정된다.

◆ 매각허부 결정

경매 물건이 낙찰되면 법원은 낙찰일로부터 1주일 후 매각결정기일을 정하고 매각 물건에 대한 허가 여부를 결정한다. 이의가 있는 이해관계인들은 이 기간 안에 매각 불허가 신청을 할 수 있고 아무도 없으면 매각물건 허가를 진행한다.

매각허가 결정 후 다시 일주일간은 매각허부에 대한 불복 과정으로 이해관계인은 즉시 항고 또는 매각허가에 대한 이의신청을 할 수 있다.

◆ 매각대금의 납부

법원은 매각결정기일로부터 7일 내에 아무런 이의신청이나 항고가 없으면 매각허가결정을 확정하고 대금납부기일을 정한 후에 낙찰자(최고가 매수인)에게 대금납부 기한 통지서를 발송한다. 이때 낙찰자가 잔금을 빨리 납부한다고 해서 배당기일이 앞당겨지지는 않는다. 법원은 잔금납부 기일을 기준으로 4주 후에 배당기일을 지정한다.

◆ 배당절차

법원은 채권자 등 이해관계인에게 관련 법률에 따라 권리의 우선순위 원칙에 따라 공평하게 배당한다. 배당기일에 배당에 이의가 있는 이해관계인은 즉시 판사에게 이의를 제기해야 하며, 1주일 안에 배당이의소송을 제기해야 한다.

경매배당 절차를 끝으로 해당 물건에 대한 공식적인 경매 절차는 모두 종료된다.

TIP | 전국 법원별 각 회차별 경매 저감률은?

◆ 특정 물건에 대한 경매를 처음 진행했으나 입찰자가 아무도 없어 다음 회차로 넘어가는 경우를 유찰이라고 한다. 그런데 전국의 경매법원들은 1회 유찰 이후 2회차 매각기일까지 저감률이 약간씩 다르다.

◆ 예를 들어 서울의 5개 지방법원은 20%씩 저감되며, 인천과 경기도권(안양 제외)은 30%씩 저감된다. 경매법원들은 다음 매각기일에 다시 유찰되는 것을 최소화하고 낙찰률을 높이기 위해 최저경매가 저감 방식을 도입한다.

전국법원별 유찰 저감률

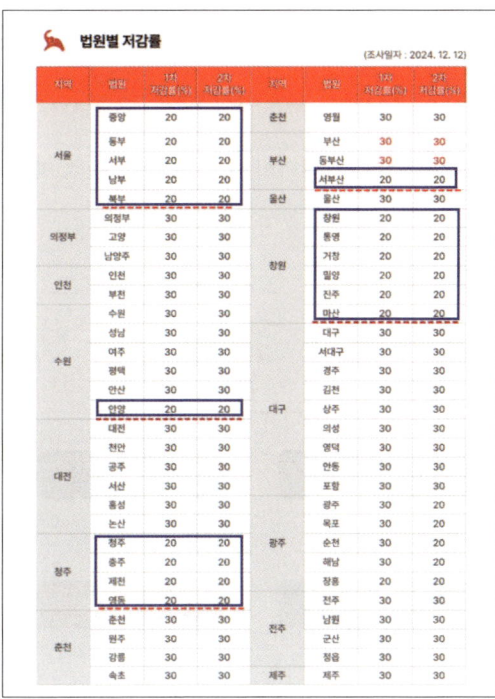

경매와 공매의 차이점은?

경매와 공매는 '채무의 변제'라는 큰 흐름에서 볼 때 사실상 큰 차이가 없다. 학문적 의미로서 공매는 공적기관(법원 또는 캠코KAMCO)에 의하여 공개적으로 행해지는 매각을 말하는 것이기에 넓은 의미에서는 법원경매도 공매의 일종이다.

엄밀한 의미에서 '경매'란 채권자가 돈을 갚지 않고 버티는 채무자에

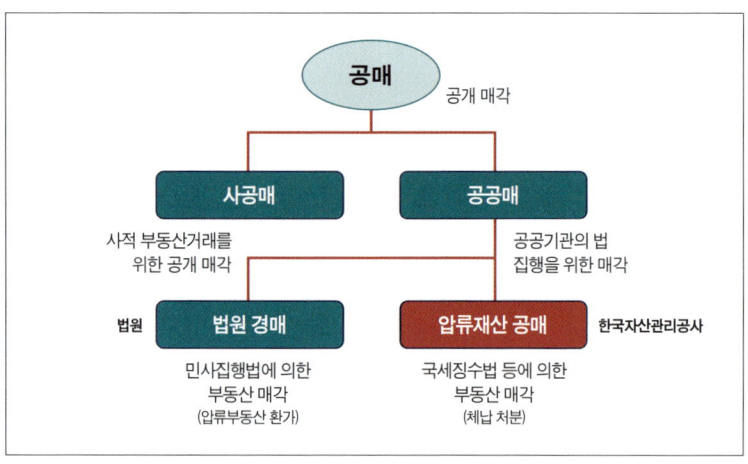

대해 공적 기관인 법원에 의뢰해 경매 절차를 신청함으로써, 법원이 채권자 대신에 채무자의 재산을 강제로 처분해 돈을 돌려주는 절차를 의미한다.

항목	경매	공매
관련법	민사집행법	국세징수법
매각기관	법원	KAMCO, 정부기관, 은행자체 매각, 신탁회사 등
물건검색사이트	법원경매정보 (www.courtauction.go.kr)	온비드 (www.onbid.co.kr)
법률적 성격	개인간 채권·채무를 국가공권력이 개입하여 정리	공법상의 행정처분
채무자 명도	인도명령	명도소송
입찰보증금	최저 경매가의 10%	입찰가의 10%
매각예정가격 체감	전차 가격의 20%~30%씩(법원별 상이) 체감	1차 공매예정가의 50%를 한도로 매회 10%씩 체감
배당(배분) 요구종기일	첫 매각기일 이전에 정한 배당요구 종기일	첫 입찰기간 이전에 배분요구 종기일을 고지
공유자 우선매수청구권	가능	가능
차순위 매수신고	가능	없음

'공매'는 압류·신탁·국유자산·이용자산 등 다양한 종류의 공매가 있는데 일반적으로 말하는 공매는 '압류공매'를 의미한다. 즉, 납세의무자가 국가에 마땅히 내야 할 세금을 내지 않을 경우, 세무당국은 체납자 재산에 먼저 압류를 건 후 한국자산관리공사KAMCO가 진행하는 공매 절차에 넘겨 그 낙찰된 금액으로 세금을 환수한다는 개념이다.

경매·공매는 진행하는 기관이 각각 법원·KAMCO로 다르기에 입찰·배당(배분) 등 세부 절차나 투자하는 방법에서도 다음과 같이 차이가 난다.

1. 입찰방식 차이

경매는 입찰자가 입찰기일 법원에 직접 가서 입찰에 참여하는 반면, 공매는 인터넷으로 온비드 홈페이지에 접속해 전자로 입찰한다.

2. 입찰보증금 차이

경매는 최저가액의 10%인 반면에, 공매는 입찰 매수 희망가의 10%다.

3. 매각 예정 금액 차이

경매는 1회씩 유찰될 때마다 통상 매각가격의 20~30%씩(법원마다 상이함) 차감되나, 공매는 10%씩 차감된다.

4. 잔금 납부일 차이

경매는 낙찰 후 통상 2주가 지나면 매각허가결정이 떨어지고, 이후 1달 이내에 납부하면 된다. 반면 공매는 낙찰 후 30일 이내에 납부해야 하기에 경매보다 잔금 납부 기간이 더 짧은 편이다.

5. 인도명령과 명도소송

경매는 낙찰자가 법원에 인도명령을 신청해서 점유자를 퇴거시킬 수 있으나, 공매는 법원에 명도소송을 진행해야 하기에 조금 더 번거로운 편이다.

6. 잔금 미납 시 입찰보증금의 처리

경매는 낙찰자 잔금 미납 시 배당재단(배당 이해관계인의 우선순위에 따름)에 귀속되나 공매는 국고에 귀속된다.

7. 동일부동산에 대해 경매와 공매가 경합할 때 우선하는 것은?

경매와 공매가 동일 부동산에 대하여 경합하는 경우, 먼저 매수대금을 납부하는 사람이 소유권을 취득한다. (공매가 대개 경매보다 시점상 유리하다)

TIP | 경매정보 사이트에 대해 알아보자!

경매 물건을 확인하는 방법은 크게 무료 사이트와 유료 사이트가 있다.

무료 사이트 중에는 대법원 경매사이트(www.courtauction.go.kr)가 가장 공신력이 있고 기본적으로 참고해야 할 사이트다. 대법원 경매사이트는 신뢰할 수 있기는 한데 권리분석, 배당분석 등을 본인이 직접 해야 하는 단점이 있다. 등기부등본도 따로 인터넷등기소에 들어가서 돈 주고 발급받아야 하고, 실거래가나 최근 낙찰사례 분석 시 불편함이 있다.

대법원 경매사이트: www.courtauction.go.kr

무료로 경매 정보를 제공하는 사이트로는 경매마당, 두인경매 등의 무료 사이트들이 있기는 하나, 아무래도 제공되는 정보의 내용이나 수준에 한계가 있다.

유료 사이트 중에는 지지옥션, 옥션원, 부동산태인, 스피드옥션, 탱크옥션 등이 있다. 상기 회사들 순서대로 제공하는 정보의 양만큼 이용료가 비싸다는 단점이 있기는 하지만, 등기부등본, 감정평가서, 현황조사서, 매각물건명세서, 전자지도, 권리분석, 배당표 작성, 실거래가 정보, 예상낙찰가 분석 등등 매우 편리하고 다양한 서비스를 제공해준다. 경매초보자뿐만 아니라 대부분의 경매 고수도 유료 경매사이트 회원권을 끊고 이용한다. 왜냐하면 부동산 거래에는 큰돈이 들어가는데 잘못된 권리분석으로 인해 순식간에 수천만 원 이상을 손해볼 수 있기 때문이다.

유료 경매사이트 가격 비교

사이트명	전국 1년 이용권	전국 1개월 이용권	무료체험
지지옥션	1,147,000원	131,000원	1일
옥션원	926,000원	119,000원	1일
부동산태인	740,000원	69,000원	1일
스피드옥션	650,000원	84,000원	3일
탱크옥션	500,000원	63,000원	3일
두인경매(무료열람도 가능)	250,000원	30,000원	X

권리분석 쉽게 하기

경매 물건 권리분석을 할 때는 주로 말소기준권리를 이용해 분석한다.

첫째, 말소기준권리를 이용한 권리분석 요령은 매우 간단하다.

등기부등본에서 말소기준권리를 기준으로 이전에 설정된 등기들은 인수되고, 말소기준권리 이후에 설정된 등기들은 말소(소멸)된다고 보면 된다.

말소기준권리는 등기부등본에서 접수 일자가 가장 빠른 등기를 말

하는데 보통 근저당권이 말소기준권리가 되는 경우가 많다. 참고로 '말소기준권리'는 법률용어는 아니고, 경매학원 등에서 사용하는 강학상 용어다. 유료 경매정보지 중에 옥션원은 '말소기준권리', 스피드옥션은 '소멸기준권리'라는 용어를 쓴다.

No	접수	권리종류	권리자	채권금액	비고	소멸여부
1(갑3)	2016.10.07	소유권이전(매매)				
2(을2)	2019.02.13	근저당	고양동부새마을금고	120,000,000원	말소기준등기	소멸
3(을5)	2019.07.11	근저당	한국투자저축은행	360,000,000원		소멸
4(을6)	2019.08.20	근저당	한국투자저축은행	72,000,000원		소멸
5(을7)	2020.07.27	근저당	한국투자저축은행	156,000,000원		소멸
6(갑5)	2024.02.07	임의경매	한국투자저축은행 (여신관리팀)	청구금액: 510,632,398원	2024타경	소멸
7(갑7)	2024.04.25	가압류	고양동부새마을금고	60,107,400원	2024카단	소멸

※ **옥션원 사이트** : 등기부등본에서 '말소기준등기' 이후는 다 소멸된다!

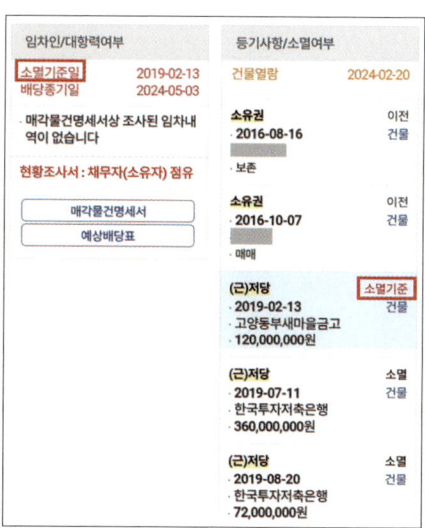

※ **스피드옥션 사이트** : 등기부등본에서 '소멸기준' 이후는 다 소멸된다!

경매

말소기준권리가 될 수 있는 등기로는 크게 5가지가 있다. (근)저당권, (가)압류, 담보가등기, 경매개시결정 기입등기, 전세권등기다. 즉, 말소기준권리보다 선순위면 인수되고 후순위일 경우 소멸된다고 본다. 단 예외도 있다. 건물철거 가처분, 유치권, 법정지상권 등은 인수될 여지가 있다.

경매권리분석의 기본원칙은 '소멸주의'와 '인수주의'다. 소멸주의는 경매가 끝난 뒤 해당 부동산에 대한 권리는 모두 소멸시킨다는 것이고 인수주의는 경매가 끝난 뒤에도 해당 부동산의 권리를 남겨두는 것이다.

민사집행법 제91조(인수주의와 잉여주의의 선택 등)

① 압류채권자의 채권에 우선하는 채권에 관한 부동산의 부담을 매수인에게 인수하게 하거나, 매각대금으로 그 부담을 변제하는 데 부족하지 아니하다는 것이 인정된 경우가 아니면 그 부동산을 매각하지 못한다.
② 매각부동산 위의 모든 저당권은 매각으로 소멸된다.
③ 지상권·지역권·전세권 및 등기된 임차권은 저당권·압류채권·가압류채권에 대항할 수 없는 경우에는 매각으로 소멸된다.
④ 제3항의 경우 외의 지상권·지역권·전세권 및 등기된 임차권은 매수인이 인수한다. 다만, 그중 전세권의 경우에는 전세권자가 제88조에 따라 배당요구를 하면 매각으로 소멸된다.
⑤ 매수인은 유치권자(留置權者)에게 그 유치권(留置權)으로 담보하는 채권을 변제할 책임이 있다.

경매에 부쳐진 물건들은 등기부등본상에 지상권, 지역권, 전세권, 가압류 등 수많은 권리가 설정되어 있다. 또한 대항력 있는 임차권, 미등기 임차권, 유치권, 법정지상권 등 등기부등본에 나타나지 않는 권리들도 있다. 이런 권리 중에는 매각되면 소멸하는 권리가 있고 매수인에게 인수되는 권리도 있다. 경매로 매수인에게 소유권이 이전되면 채권자가 배당으로 돈을 다 받든 못 받든 관계없이 등기부등본상에 있는 권리를 종결시킨다. 우리 법은 경매에 관해 기본적으로 소멸주의를 원칙으로 하되 예외적으로 인수주의를 취한다.

주택임대차보호법 살펴보기

주택임대차보호법(이후 '주임법'이라힘)은 주거용 건물의 임대차에 관해 민법에 대한 특례를 규정함으로써 국민의 주거 생활의 안정을 보장하기 위한 취지로 1981년에 제정되었다.

주임법의 적용 범위
주임법은 원칙적으로 주거용 건물의 적용에 국한된다. 따라서 공장, 사무실, 창고 등의 비주거용 으로 겸용될 때가 문제되는데, 이때는 건물의 현황이나 용도 등에 비추어 실제 주거용으로 사용되는지에 따라 '실질적으로 판단'해야 한다.

따라서 사회 통념상 건물로 인정하기에 충분한 요건을 구비하고 있고 실제 주거용으로 사용되고 있다면, 공부상에 '주거용'으로 기재되어 있지 않더라도 주임법이 적용된다. 이때 주거용 건물인지 여부의 판단 시점은 '임대차계약 체결시'다. 따라서 임대차계약이 체결될 당시에는 주거용 건물이 아니었는데, 그후 임차인이 임의로 주거용으로 개조한 경우에는 주임법이 적용되지 않는다.

주거용 건물의 일부를 임차한 경우에도 주임법이 적용될까? 정답은 'yes'다. 예를 들어 임차인이 방 한두 칸을 사용하면서 화장실, 주방 등을 공동으로 사용하는 경우에도 주임법은 적용되는데, 경매 실전에서 흔히 발생하는 소액임차인 유형이다.

주임법의 주요 내용

1. 임대차의 최소 계약 기간은 2년이다.

주임법에서는 최소한의 임대차계약 기간을 2년으로 하고, 정해진 기간이 없거나 2년 미만으로 정한 임대차도 그 기간을 2년으로 본다. 또한 임대차가 종료된 경우에도 임차인이 보증금을 반환받을 때까지 그 임대차 관계는 존속하는 것으로 본다.

2. 임대인이 임대차 만료 6개월에서 2개월 전에 갱신 통지를 해야 한다.

임대인이 임대차기간 만료 6개월 전부터 2개월 전까지 갱신 통지를 하지 않을 경우, 전 임대차와 동일한 조건으로 임대차한 것으로 본다.

단, 2기의 차임액에 달하도록 차임을 연체하는 등 임차인으로서의 의미를 현저히 위반한 임차인에 대해서는 계약갱신이 없는 것으로 본다. 묵시적 갱신 기간 중에는 임차인은 임대인에 대해 계약해지를 통보할 수 있으며, 이 경우 계약해지는 임대인이 그 통지를 받은 날로부터 3개월이 경과하면 효력이 발생한다.

3. 임차인이 점유 + 전입신고를 마칠 경우, 대항력이 발생한다.

주임법에서 말하는 '대항력'이란, 임차인이 주택의 점유와 주민등록 전입신고를 마친 때는 전세권등기 등 등기가 설정되어 있지 않아도 제삼자에 대해 대항할 수 있는 효력을 갖는 것을 의미한다.

4. 우선변제권과 최우선변제권이란?

우선변제권은 대항요건을 갖춘 임차인이 임대차계약서에 확정일자를 갖춘 경우에 인정되는 권리다. 즉, 임차인은 대항요건(전입+인도)을 갖추면, 그다음 날 오전 0시부터 1)임대차계약 기간 동안 거주할 권리와 2)계약기간 만료시에도 보증금을 반환받을 때까지 주택을 명도하지 않을 수 있는 권리, 즉 '대항력'을 갖게 된다.

결론적으로 '우선변제권'이란, 임차한 주택이 경매로 나올 경우 '대항력'과 '확정일자'를 갖춘 임차인이 근저당권자나 그밖의 후순위 채권자보다 우선해서 보증금을 변제

> 받을 권리를 말한다.
> 소액임차인의 최우선변제권은 순위에 관계없이 선순위 저당권자 등 다른 권리자보다 우선해 경매 절차에서 배당받을 수 있다.
> 이 경우, 최우선변제를 받을 수 있는 소액임차인은 보증금이 다음의 구분에 따른 금액에 해당해야 한다. 소액임차인 여부 판단 시점은 원칙적으로 '배당 시'다. 임대차계약 당시에는 소액임차인에 해당되는데, 그 후 계약갱신을 통해 보증금이 증액되어 배당 시점에 소액보증금 한도를 초과하면 더 이상 소액 임차인에 해당하지 않는다.

임대차 3법 시행

① 전월세 상한제: 임대차계약 갱신 시 임대료 증액의 상한이 직전 계약 임대료의 '5% 이내'로 제한됨.

② 계약갱신청구권: 세입자가 원할 경우 기존 2년 계약이 끝나면 한차례 연장해 최대 4년(2년+2년)까지 계약기간이 보장되고, 법시행 이전 계약도 계약갱신청구권 1회까지 인정됨.

③ 전월세 신고제: 임대차계약 당사자는 계약체결일로부터 30일 이내에 주택소재지의 신고관청에 신고해야 함.

※ 주택임대차 실거래 신고접수 시 주임법에 따라 확정일자 부여

묵시적 갱신 기간 변경: 6개월에서 1개월 내 → 6개월에서 2개월 내

기존에는 임대인이 임차인에게 계약기간 만료일 '6개월 전부터 1개

월 내'에 통보하지 않을 경우, 이전 임대차와 동일 조건으로 연장되었는데 개정법에서는 '6개월 전부터 2개월 전'으로 변경

전월세 전환율 변경: 종전 3.5% → 2%로 변경

세금 중 일정액을 월세로 전환 시 적용되는 '전월세 전환율'을 기존에는 3.5%였으나 2020년 9월 29일부터는 2%로 변경

상가임대차보호법도
알아보자!

 상가임대차보호법(이하 '상임법')은 상가건물 임차인을 보호하기 위해 만든 특별법이다. 서울을 위시한 우리나라 수도권은 산업화 과정에서 경제가 급성장하면서 상권도 급속하게 발달하게 된다. 이 과정에서 영세한 상인들이 쫓겨나는 일이 빈번하게 발생하면서 사회적으로 문제화되었고, 상인들을 보호하기 위한 상임법 제정의 필요성이 공론화되었다. 주임법은 1981년부터 시행된 데 반해, 상임법은 약 20여 년 후인 2002년 11월 1일에 시행되었다.

 상임법은 상가건물의 임대차에 적용되며 대통령령이 정하는 보증금액을 초과하는 임대차에 대해서는 적용되지 않는다. 임대차는 임차인이 건물 인도와 사업자등록을 신청한 때는 다음날부터 제삼자에 대하여 효력이 발생한다.

 상가건물은 사업자등록의 대상 여부를 기준으로 판단하므로 교회·어린이집·동창회 등 비영리법인은 상임법의 보호를 받을 수 없다. 상가건물은 모든 임차인에게 적용되는 것이 아니라 환산보증금(보증금+

월세환산액)의 지역별 기준 이하인 경우에만 적용된다.

구분	환산보증금(서울 기준)	
	9억원 초과	9억원 이하
대항력	O	O
우선변제권	x	O
임차권등기명령	x	O
임대차기간(최소 1년)	x	O
계약갱신요구권 5년	O	O
묵시적 갱신	x	O
증액청구한도	제한없음	상한 5%

환산보증금이란?

환산보증금이란 임대보증금과 월세의 금액을 합산해서 계산한 보증금 총액을 말하며, 임차인의 상임법 적용 대상 여부를 가르기에 알아두어야만 할 용어다.

$$환산보증금 = 임대보증금 + (월세 \times 100)$$

보통 상가임대차 계약 시 중개업자에게 지급하는 중개보수비도 환산보증금을 기준으로 계산한다(이때 부가세는 환산보증금에 포함되지 않는다).

상임법의 개정으로 2015년 5. 13 이후 재계약하거나 신규로 계약한 임차인은 상가 점유와 사업자등록증만 있으면 대항력을 갖게 된다.

환산보증금을 초과한 임대차의 경우에도 점유와 사업자등록의 요건만 갖추고 2015. 5. 13 이후 체결 또는 갱신되었다면 상임법 제3조 1항에 따라 대항력이 있고, 해당 건물의 양수인은 종전 임대인의 지위를 승계하므로 임대차보증금 반환 채무도 승계하게 된다.

상가임대차보호법 제3조(대항력 등)

① 임대차는 그 등기가 없는 경우에도 임차인이 건물의 인도와 「부가가치세법」 제8조, 「소득세법」 제168조 또는 「법인세법」 제111조에 따른 사업자등록을 신청하면 그 다음 날부터 제삼자에 대하여 효력이 생긴다.

② 임차건물의 양수인(그밖에 임대할 권리를 승계한 자를 포함한다)은 임대인의 지위를 승계한 것으로 본다.

③ 이 법에 따라 임대차의 목적이 된 건물이 매매 또는 경매의 목적물이 된 경우에는 「민법」 제575조 제1항·제3항 및 제578조를 준용한다.

④ 제3항의 경우에는 「민법」 제536조를 준용한다.

다만 환산보증금을 초과하는 임대차의 경우 상임법 제5조는 적용되지 않으므로 우선변제권은 인정되기 어려울 것이다.

> **상가임대차보호법 제5조(보증금의 회수)**
>
> ① 임차인이 임차건물에 대하여 보증금반환청구소송의 확정판결, 그 밖에 이에 준하는 집행권원에 의하여 경매를 신청하는 경우에는 「민사집행법」 제41조에도 불구하고 반대의무의 이행이나 이행의 제공을 집행개시의 요건으로 하지 아니한다.
>
> ② 제3조제1항의 대항요건을 갖추고 관할 세무서장으로부터 임대차계약서상의 확정일자를 받은 임차인은 「민사집행법」에 따른 경매 또는 「국세징수법」에 따른 공매시 임차건물(임대인 소유의 대지를 포함한다)의 환가대금에서 후순위권리자나 그 밖의 채권자보다 우선하여 보증금을 변제받을 권리가 있다.

또한 환산보증금 과다 여부에 따라 상임법 적용도 달라진다.

상가는 일정 금액 이하일 때에만 상임법 적용을 받는다. 일정 금액을 초과하면 상가임대차 보호법의 일부 적용(대항력, 임차인의 계약갱신요구권, 권리금회수 기회 보호 등)만 받는다.

환산보증금이 일정 금액 이하일 때 임대인의 증액 청구는 임대차계약 또는 약정한 차임 등의 증액이 있고 난 뒤 1년 후에 할 수 있고, 증액 청구액은 청구 당시의 차임의 5%를 초과할 수 없다. 하지만 환산보증금이 일정 금액을 초과할 경우에 임대인은 상한 요율 5%와 상관없이 임차인에게 증액 청구할 수 있다.

보호대상	서울	수도권과밀억제	광역시(안산·용인·김포·광주·경기)	기타 지역
금액	9억 원	6억 9천만 원	5억 4천만 원	3억 7천만 원

대항력과 우선변제권

말소기준 권리보다 앞서 임대차 계약을 맺고 세무서에 사업자등록을 한 뒤 건물을 점유한 임차인은 대항력이 있다. 즉, 대항력 있는 임차인이 배당요구를 하지 않거나 보증금 전액을 배당받지 못할 경우 낙찰자가 인수해야 한다. 또한 세무서에서 확정일자를 받으면 후순위권리자보다 우선변제권이 생긴다.

경매개시기입등기 이전에 대항력을 갖추고 확정일자를 받은 임차인은 후순위권리자보다 우선하여 변제를 받을 권리가 있다.

> **상가임대차보호법 제5조(보증금의 회수)**
>
> ②제3조 제1항의 **대항요건**을 갖추고 관할 세무서장으로부터 **임대차계약서상의 확정일자**를 받은 임차인은 민사집행법에 따른 경매 또는 국세징수법에 따른 공매시 임차건물의 환가대금에서 **후순위권리자**나 그 밖의 채권자보다 우선하여 보증금을 변제받을 권리가 있다.

즉, 대항력을 갖추고(건물인도+사업자등록신청) 확정일자를 받은 임차인은 부동산 담보권과 유사한 권리를 인정받아(2007다45562) 일반채권자나 후순위권리자보다 우선하여 변제받을 권리가 있다.

최우선변제권

경매개시기입등기 이전에 대항력 요건을 갖추고 상임법상 최우선 소액임차보증금 범위 안에 들어가는 소액상가 임차인은 낙찰가의 1/2 범위 내에서 보증금 중 일정액을 선순위의 다른 채권자들보다 최우선하여 변제를 받을 수 있다.

| Tip | 상가 소액임차인 배당 기준표

담보물권 설정일	지역	환산보증금 기준	소액임차인 기준	최우선변제금 상한액
2002.11.1~ 2008.8.20	서울특별시	2억 4,000만 원 이하	4,500만 원 이하	1,350만 원
	과밀억제권역	1억 9,000만 원 이하	3,900만 원 이하	1,170만 원
	광역시	1억 5,000만 원 이하	3,000만 원 이하	900만 원
	기타 지역	1억 4,000만 원 이하	2,500만 원 이하	750만 원
2008.8.21~ 2010.7.25	서울특별시	2억 6,000만 원 이하	4,500만 원 이하	1,350만 원
	과밀억제권역	2억 1,000만 원 이하	3,900만 원 이하	1,170만 원
	광역시	1억 6,000만 원 이하	3,000만 원 이하	900만 원
	기타 지역	1억 5,000만 원 이하	2,500만 원 이하	750만 원
2010.7.26~ 2013.12.31	서울특별시	3억 원 이하	5,000만 원 이하	1,500만 원
	과밀억제권역	2억 5,000만 원 이하	4,500만 원 이하	1,350만 원
	광역시 (안산, 김포 등)	1억 8,000만 원 이하	3,000만 원 이하	900만 원
	기타 지역	1억 5,000만 원 이하	2,500만 원 이하	750만 원
2014.1.1~ 2018.1.25	서울특별시	4억 원 이하	6,5000만 원 이하	2,200만 원
	과밀억제권역	3억 원 이하	5,500만 원 이하	1,900만 원
	광역시 (안산, 김포 등)	2억 4,000만 원 이하	3,800만 원 이하	1,300만 원
	기타 지역	1억 8,000만 원 이하	3,000만 원 이하	1,000만 원
2018.1.26~ 2019.4.1	서울특별시	6억 1,000만 원 이하	6,500만 원 이하	2,200만 원
	과밀억제권역, 부산	5억 원 이하	5,500만 원 이하 (부산 : 3,800만 원 이하, 기장 : 3,000만 원 이하)	1,900만 원 (부산 : 1,300만 원, 기장 : 1,000만 원)
	광역시, 안산, 용인, 김포, 광주, 세종, 파주, 화성	3억 9,000만 원 이하	3,800만 원 이하 (세종, 파주, 화성 3,000만 원)	1,300만 원 (세종, 파주, 화성 1,000만 원)
	기타 지역	2억 7,000만 원 이하	3,000만 원 이하	1,000만 원
2019.4.2~ 현재	서울특별시	9억 원 이하	6,500만 원 이하	2,200만 원
	과밀억제권역, 부산	6억 9,000만 원 이하	5,500만원 이하 (부산 : 3,800만 원 이하, 기장 : 3,000만 원 이하)	1,900만원 이하 (부산 : 1,300만 원, 기장 : 1,000만 원)
	광역시, 안산, 용인, 김포, 광주, 세종, 파주, 화성	5억 4,000만 원 이하	3,800만 원 이하 (세종, 파주, 화성 3,000만 원)	1,300만 원 (세종, 파주, 화성 1,000만 원)
	기타 지역	3억 7,000만 원 이하	3,000만 원 이하	1,000만 원

TIP | 주택임대차보호법 Vs 상가임대차보호법 비교

◆ **적용 범위**

주임법은 '주거용 건물'이면 모두 적용이 된다. 상임법은 ① 세법에서 정하는 사업자등록의 대상이 되는 건물 ② 보증금액이 일정액 이하여야 적용된다.

◆ **대항력**

임차인이 대항력을 확보하려면 주임법은 계약체결+인도+전입신고, 상임법은 계약체결+인도+사업자등록을 요건으로 한다.

구분	주택임대차보호법	상가임대차보호법
적용 범위	상한보증금 없음	상한 보증금 있음
	주거용 건물 전부 또는 일부 임대차	사업자 등록 대상이 되는 상가임대차
대항력 요건	주택 인도 + 전입신고 =익일 0시 대항력	건물 인도 + 사업자등록 =익일 0시 대항력
월세 환산	월세 환산하지 않음	최우선변제보증금은 월세 환산함
임대차 기간	최단 기간 2년	최단 기간 1년
묵시적 갱신	임대인이 임대차 계약 만료 6개월~2개월전에 갱신통보를 하지않을 경우 자동연장	임대인이 임대차계약만료 6개월~1개월전에 갱신통보를 하지않을 경우 자동연장
계약갱신요구권	최대 4년(2+2)까지 인정	최대 10년까지 인정
차임증가청구권	차임 또는 보증금의 5% 증감청구 가능	차임 또는 보증금의 5% 증감청구 가능
최우선변제금의 범위	배당금액의 1/2이내	배당금액의 1/3이내
월차임 전환률	연10% 또는 기준금리+2%중 낮은 금액	연12% 또는 기준금리x4.5배수 중 낮은 금액

TIP | 경매 입찰서류 작성법

경매 입찰서류 작성 시 주의할 점은?

① 사건번호와 물건번호를 정확히 기재하자. 하나의 경매사건에 여러 개의 물건이 있는 경우는 물건번호를 적는다. 안 쓰면 무효 처리된다.

② 입찰금액은 회차별 최저입찰가보다 높은 금액을 써야 한다. 최저입찰가보다 낮게 쓴 입찰가는 당연히 무효 처리된다.

③ 입찰보증금란은 아라비아숫자로 기재하되, 절대로 수정하지 말자. 무효 처리된다. 초보자들이 가끔 입찰가에 0자 하나를 더 붙여 쓰는 실수를 하는데 집행관에게 울며 불며 떼써도 소용없다.

④ 집행관에게 제출할 서류는 기일입찰표, 매수신청보증봉투, 입찰봉투 등 총 3개다. 매수신청보증봉투 안에 입찰보증금 10%를 수표 한 장으로 넣고, 기일입찰표와 함께 입찰봉투 안에 모두 넣은 후에 호치키스로 봉해서 집행관에게 제출하면 된다.

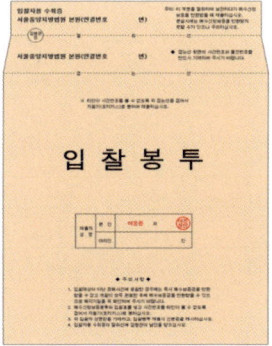 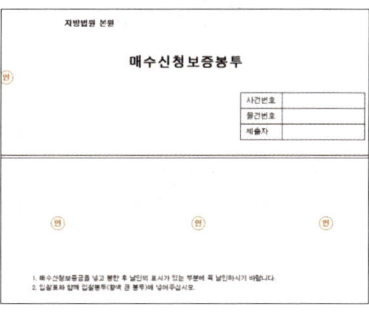

가장 중요한 기일입찰표를 작성하는 법은?

본인 단독, 대리인이 갈 때, 법인명으로 입찰할 때, 공동입찰 등등 유형별로 준비서류와 입찰 방법이 다르다. 하나씩 살펴보자.

경매 개인 입찰시 준비물
- 입찰보증금(수표 1장으로 준비)
- 본인 신분증
- 도장
  (본인입찰시 막도장도 상관없음)

법인 대표자 입찰시 준비물
- 입찰보증금(수표 1장으로 준비)
- 법인대표자 본인 신분증
- 법인 인감도장
- 법인 등기부등본(제출용)

경매입찰시 준비서류

구분	준비서류
본인이 입찰할 경우	◆ 신분증(주민등록증, 운전면허증, 여권) ◆ 도장
개인의 대리인이 입찰할 경우	◆ 본인(명의자)의 인감증명서, 인감도장 ◆ 대리인의 신분증, 도장
법인명의로 대표이사가 입찰시	◆ 법인의 등기부등본 ◆ 대표이사 신분증, 도장
법인명의로 대리인이 입찰시	◆ 법인의 등기부등본 ◆ 법인 인감증명서, 위임장 ◆ 대리인의 신분증, 도장
2인 이상이 공동으로 입찰시	◆ 공동입찰신고서 및 공동입찰자 목록 ◆ 불참자 인감증명서와 인감도장 ◆ 참석자의 신분증과 도장

본인·법인대표 입찰 시 입찰표 작성법

◆ 본인이 단독으로 할 때나, 법인명으로 하되 대표자가 입찰할 때는 기일입찰표의 앞면만 작성하면 된다!

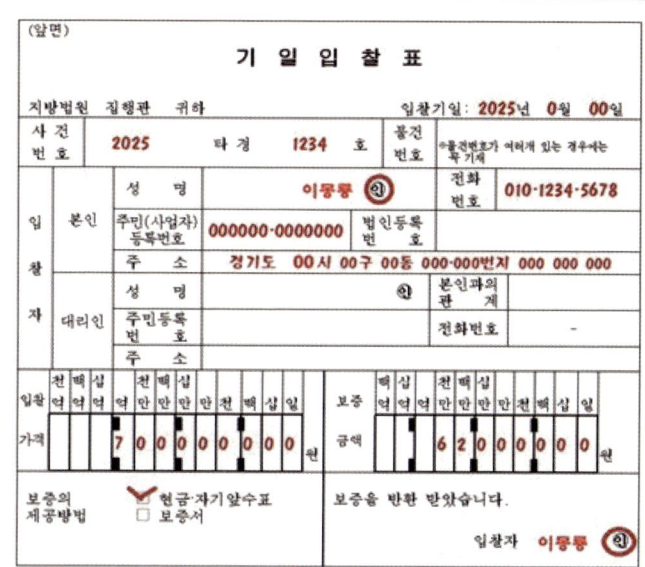

개인·법인의 대리인 입찰 시 입찰표 작성법

◆ 대리인이 본인 명의로 입찰할 때나, 법인명으로 하되 직원 등 대리인이 입찰할 때는 (앞면)기일입찰표와 (뒷면)위임장을 작성한다!

개인 대리인 입찰시 준비물
- 입찰보증금(수표 1장으로 준비)
- 위임장(기일입찰표 뒷장에 있음!)
- 입찰자 인감증명서 및 인감도장
- 대리인 신분증
- 대리인 도장(막도장도 가능)

법인 대리인 입찰시 준비물
- 입찰보증금(수표 1장으로 준비)
- 위임장(기일입찰표 뒷장에 있음!)
- 법인 인감증명서 및 인감도장
- 법인 등기부등본
- 대리인 신분증 및 도장(막도장)

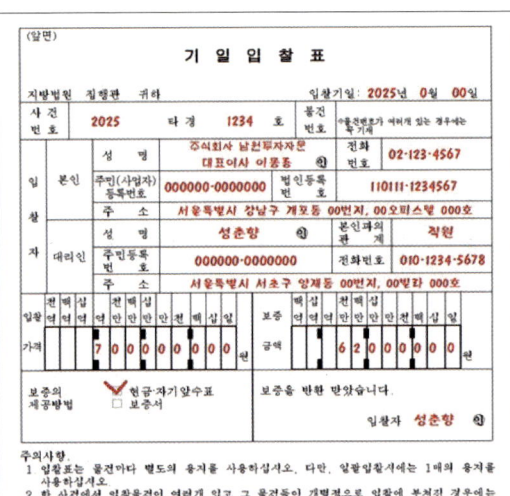

(뒷면)

위 임 장

대리인	성 명	성춘향	직업	회사원
	주민등록번호	000000-0000000	전화번호	010-1234-5678
	주 소	서울특별시 서초구 양재동 00번지, 00빌라 000호		

위 사람을 대리인으로 정하고 다음 사항을 위임함

다 음

00 지방법원 2025 타경 1234 호 부동산

경매사건에 관한 입찰행위 일체

본인 1	성 명	주식회사 남천투자자문 대표이사 이동동 (인감)	직 업	
	주민등록번호	000-00-00000 (사업자번호 기재)	전화번호	02-123-4567
	주 소	서울특별시 강남구 개포동 00번지, 00오피스텔 000호		
본인 2	성 명	(인감)	직 업	
	주민등록번호	-	전화번호	
	주 소			
본인 3	성 명	(인감)	직 업	
	주민등록번호	-	전화번호	
	주 소			

* 본인의 인감 증명서 첨부
* 본인이 법인인 경우에는 주민등록번호란에 사업자등록번호를 기재

00 지방법원 귀중

여러 명이 공동 입찰 시 입찰표 작성 요령

◆ (앞면)기일입찰표 외에 공동입찰신고서, 공동입찰자목록 3부를 다 작성해야 한다. 이 때 공동입찰신고서와 입찰자목록은 가운데를 접어서 간인을 한 후에 입찰봉투 안에 모두 넣으면 된다.

(앞면)

기 일 입 찰 표

○○ 지방법원 집행관 귀하   입찰기일 : 2025년 ○월 ○○일

| 사건번호 | 2025 타경 1234 호 | 물건번호 | ※물건번호가 여러개 있는 경우에는 꼭 기재 |

입찰자 본인
- 성 명: 별첨 공동입찰자목록 기재와 같음 ㉑
- 전화번호:
- 주민(사업자)등록번호:
- 법인등록번호:
- 주 소:

대리인
- 성 명: / 본인과의 관계:
- 주민등록번호: / 전화번호:
- 주 소:

입찰가격: 7 0 0 0 0 0 0 0 원
보증금액: 6 2 0 0 0 0 0 0 원

보증의 제공방법: ☐ 현금·자기앞수표 ☐ 보증서

보증을 반환 받았습니다.
입찰자 전병수 외 4인 ㉑

주의사항
1. 입찰표는 물건마다 별도의 용지를 사용하십시오. 다만, 일괄입찰시에는 1매의 용지를 사용하십시오.
2. 한 사건에서 입찰물건이 여러개 있고 그 물건들이 개별적으로 입찰에 부쳐진 경우에는 사건번호외에 물건번호를 기재하십시오.
3. 입찰자가 법인인 경우에는 본인의 성명란에 법인의 명칭과 대표자의 지위 및 성명을, 주민등록란에는 입찰자가 개인인 경우에는 주민등록번호를, 법인인 경우에는 사업자등록번호를 기재하고, 대표자의 자격을 증명하는 서면(법인의 등기사항증명서)을 제출하여야 합니다.
4. 주소는 주민등록상의 주소를, 법인은 등기부상의 본점소재지를 기재하시고, 신분확인상 필요하오니 주민등록증을 꼭 지참하십시오.
5. **입찰가격은 수정할 수 없으므로, 수정을 요하는 때에는 새 용지를 사용하십시오.**
6. 대리인이 입찰하는 때에는 입찰자란에 본인과 대리인의 인적사항 및 본인과의 관계 등을 모두 기재하는 외에 본인의 위임장(입찰표 뒷면을 사용)과 인감증명을 제출하십시오.
7. 위임장, 인감증명 및 자격증명서는 이 입찰표에 첨부하십시오.
8. 일단 제출된 입찰표는 취소, 변경이나 교환이 불가능합니다.
9. 공동으로 입찰하는 경우에는 공동입찰신고서를 입찰표와 함께 제출하되, 입찰표의 본인란에는 "별첨 공동입찰자목록 기재와 같음"이라고 기재한 다음, 입찰표와 공동입찰신고서 사이에는 공동입찰자 전원이 간인 하십시오.
10. 입찰자 본인 또는 대리인 누구나 보증을 반환 받을 수 있습니다.
11. 보증의 제공방법(현금·자기앞수표 또는 보증서)중 하나를 선택하여 ☑표를 기재하십시오.

※ 간인하는 요령: 아래 공동입찰신고서를 반으로 접어 공동입찰자 목록 위에 포갠 후에 공동입찰자 도장을 순서대로 모두 찍으면 된다.

공 동 입 찰 신 고 서

법원 집행관   귀하

사건번호   2025 타경 12345 호
물건번호
공동입찰자   별지 목록과 같음

위 사건에 관하여 공동입찰을 신고합니다.

2025 년 0 월 0 일

신청인   전병수 외 4 인(별지목록 기재와 같음)

※ 1. 공동입찰을 하는 때에는 <u>입찰표에 각자의 지분을 분명하게 표시하여야</u> 합니다.
   2. 별지 공동입찰자 목록과 사이에 <u>공동입찰자 전원이 간인</u>하십시오.

용지규격 210mm×297mm(A4용지)

공동입찰자목록

번호	성 명	주 소		지분
		주민등록번호	전화번호	
1	전병수 (인)	경기도 00시 00구 00동 000-000번지		1/5
		000000-0000000	010-1234-2345	
2	김 ○ ○ (인)	경기도 00시 00구 00동 000-000번지		1/5
		000000-0000000	010-1234-2345	
3	박 ○ ○ (인)	경기도 00시 00구 00동 000-000번지		1/5
		000000-0000000	010-1234-2345	
4	윤 ○ ○ (인)	경기도 00시 00구 00동 000-000번지		1/5
		000000-0000000	010-1234-2345	
5	권 ○ ○ (인)	경기도 00시 00구 00동 000-000번지		1/5
		000000-0000000	010-1234-2345	
	(인)	-		
	(인)	-		
	(인)	-		
	(인)	-		
	(인)	-		

용지규격 210mm×297mm(A4용지)

1 장

공동 입찰 시, 입찰자 한 명이 불참했을 때 작성 요령

◆ 공동입찰자 중 한 명이 불참할 경우 ① (앞면)기일입찰표 ② 공동입찰신고서 ③공동입찰자목록 외에 ④ (뒷면)위임장을 별도 작성해야 한다. 간인 요령은 동일하며, 위임장에는 불참자의 인감도장을 찍고 인감증명서를 동봉해서 입찰봉투에 모든 서류를 넣고 제출하면 된다.

(뒷면)

위 임 장

대리인	성 명	전병수	직업	학원장
	주민등록번호	000000-0000000	전화번호	010-0000-0000
	주 소	경기도 00시 00구 00동, 00아파트 000동 000호		

위 사람을 대리인으로 정하고 다음 사항을 위임함

다 음

00 지방법원　　2025　　타경　　12345　　호 부동산

경매사건에 관한 입찰행위 일체

본인1	성 명	권00 (인)	직 업	회사원
	주민등록번호	000000-0000000-	전 화 번 호	010-0000-0000
	주 소	경기도 00시 00구 00동 000-000번지		
본인2	성 명	(인)	직 업	
	주민등록번호	-	전 화 번 호	
	주 소			
본인3	성 명	(인)	직 업	
	주민등록번호	-	전 화 번 호	
	주 소			

* 본인의 인감 증명서 첨부
* 본인이 법인인 경우에는 주민등록번호란에 사업자등록번호를 기재

00 지방법원 귀중

경매배당 분석하기

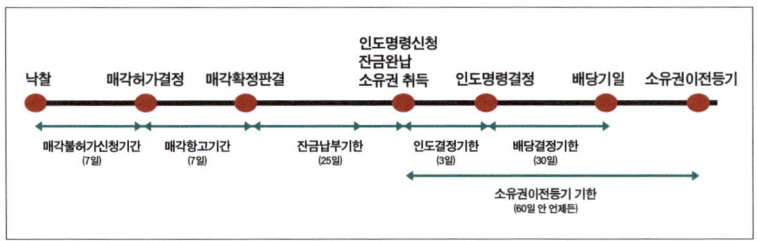

 경매배당이란 법원이 이해관계가 있는 모든 채권자에게 채무자의 부동산을 매각한 후 정해진 순서에 따라 매각대금을 나눠주는 행위다. 경매 배당기일은 낙찰자가 잔금을 납부한 후 30일쯤 후에 지정된다.
 일반매매가 아니라 경매로 낙찰되면 감정값보다 싸게 낙찰되기에 채권자들에게 나눠줄 매각대금도 그만큼 한정된다. 따라서 배당순서가 밀리게 되는 후순위 채권자 간에 이해관계가 첨예하게 대립한다. 그러므로 법원은 민사집행법에 나와 있는 규정대로 엄정하게 배당한다.
 민사집행법상 경매배당의 순서와 원칙은 다음 표와 같다.

> 경매배당 = 최우선배당→ 순위(우선)배당→ 안분배당→ 흡수배당

1. 경매집행 비용: 경매배당 시 가장 먼저 배당되는 것은 채권자가 법원에 경매를 신청하면서 예납한 경매 비용이다.
2. 필요비와 유익비: 부동산을 사용하며 상태를 보존하고 유지하는 데 소요된 비용을 말하는데, 실무에서는 이러한 비용을 실제로 인정하는 경우가 드물다.
3. 최우선배당: 최우선변제권이 있는 소액임차인과 임금채권자(최종 3개월 임금 및 최종 3년간 퇴직금 등) 등이 배당된다.
4. 당해세: 매각부동산 자체에 부과된 국세와 지방세 등의 조세를 말하는데 소액임차인과 임금 채권자(최종 3개월 임금 및 최종 3년간 퇴직금 등) 등 최우선배당권자 다음 순서로 배당된다.

   * 취득세와 등록세는 헌재 판결로 1994.8.31.부터 당해세에서 제외

5. 순위(우선)배당: 등기부등본상의 권리성립 순서에 따라 배당된다.
6. 등기부등본상 물권·채권 권리자들의 배당순서: 안분후 흡수

   ① 물권끼리(Ex. 저당권-저당권-근저당권)일 때 배당순위

   ☞ 같은 물권끼리이므로 순위배당에 따른다.

   ② 물권-채권(Ex. 저당권-가압류-근저당권)일 때 배당순위

   ☞ 먼저 저당권이 순위배당되고, 가압류와 근저당권은 안분배당된다.

③ 채권-물권-채권(Ex. 가압류-저당권-가압류)일 때 배당순위

☞ 먼저 가압류·저당권·가압류 채권액을 모두 합해 일단 안분배당을 실시한다. 이후 저당권은 자신의 채권을 다 채울 때까지 가압류가 받은 배당금을 흡수한다.

경매 배당 순위

1순위	경매 집행비용
2순위	필요비와 유익비
3순위	◆ 소액임차보증금 ◆ 최종 3개월 임금 및 최종 3년간 퇴직금 ◆ 재해보상금
4순위	당해세 (집행 목적물에 부과된 국세, 지방세와 가산금)
5순위	◆ 법정기일전에 설정등기된 저당권과 전세권의 담보채권 ◆ 확정일자를 갖춘 주택 또는 상가건물의 임차보증금 반환채권 ◆ 임차권 등기된 주택(대항력과 확정일자 모두 갖춘 경우)
6순위	제 3순위 이외의 임금 등을 제한한 임금 채권
7순위	국세, 지방세 및 이에 관한 체납처분비, 가산금 등의 징수금
8순위	국민건강보험료, 고용보험료, 의료보험료 등
9순위	일반 채권

TIP | 확정일자가 나을까? 전세권설정 등기가 나을까?

시중에서 관행적으로 체결되는 전세 계약들은 엄밀히 말해 민법에서 말하는 전세권(물권)이 아니라 쌍방간 임차권(채권) 계약이다. 다시 말해 '채권적 전세'라는 특성상 주인이 바뀌면 임차인이 새 주인에 대해 기존 권리를 주장할 수가 없고 쫓겨나야 한다.

1981년에 제정된 주임법은 이러한 채권적 전세의 맹점을 해결하기 위해 임차인에게 대항력과 우선변제권을 부여함으로써 나중에 행여 경매가 진행되더라도 다른 채권자들과 우선순위에 따라 동등하게 배당받을 수 있는 물권적 기능을 강화해주었다.

그렇다면 임차인이 전세 계약을 체결한 후 확정일자를 받아 우선변제권을 확보하는 게 더 나을까? 전세권설정 등기를 하는 게 더 나을까?

절차적 측면에서는 확정일자가 훨씬 더 간편하다. 일단 집주인의 동의 없이 주민센터에 가서 700원만 내면 전세 계약서에 확정일자를 받을 수 있는 반면에 전세권 등기는 집주인 동의가 반드시 필요하고 법무사 비용도 소요되는 등 훨씬 번거롭다.

구분	확정일자	전세권 설정
성격	채권(물권화)	물권
임대인 동의여부	임대인 동의 불필요	임대인 동의 불필요
필요서류	임대차계약서 및 신분증	임대인: 등기권리증, 인감증명서, 주민등록초본 임차인: 주민등록등본, 건축물대장, 전세권설정계약서, 토지대장
비용	700원	등록세: 임대보증금의 0.2% 지방교육세: 임대보증금의 0.04% 등기신청수수료: 15,000원 전세권설정시 말소비용 등 발생
효력발생	전입신고+점유+확정일자=익일 0시부터 효력발생	전세권 설정등기시 효력발생
보증금 회수	보증금 반환청구소송 제기, 승소판결 받아 강제경매 신청	소송없이 곧바로 임의경매 신청 가능
경매시 배당요구	배당요구종기일까지 배당요구 신청해야 배당받음	배당요구안해도 배당순위에 따라 받음
배당범위	토지와 건물가액에서 모두 배당	건물대금에 대해서만 배당(아파트 등 집합건물은 토지, 건물 모두 배당)

보증금 회수 면에서는 전세권설정 등기가 더 유리하다. 확정일자만 있는 임차인은 임차보증금 반환청구 소송을 제기하여 집행권원을 확보한 후에 강제경매를 칠 수 있다. 매우 번거롭고 부동산 경험이 별로 없는 일반인은 소송하기가 쉽지만은 않다. 집주인에게도 대응할 시간적 여유가 있다.

반면 전세권설정 등기는 소송 절차 없이 임차인은 집주인 부동산을 강제경매 처분할 수 있다. 집주인에 대한 심리적 압박이 훨씬 더 강해 돈을 돌려받기가 쉬워진다.

다만 보증금 회수금액의 범위와 관련해서는 확정일자가 유리하다. 왜냐하면 전세권설정 등기는 건물분에만 등기되기 때문에 배당 시 건물분 가액에서만 배당되나, 확정일자 있는 임차인은 전부 배당되기에 보증금 회수금액이 더 많아질 수 있기 때문이다. 단, 다가구주택 등 일반건축물은 건물분만 배당되지만 아파트 등 집합건물의 경우는 건물분 전세권이 대지권에도 미치는 것으로 추정하기에 토지분과 건물분 모두 배당된다.

TIP | 채권과 물권, 한눈에 살펴보자!

민법에서 재산권은 크게 채권과 물권으로 구분된다.

채권은 특정 사람 간의 권리를 말하며, 제삼자에게는 주장할 수 없다. 채권은 돈이나 물건을 빌리고 갚는 금전소비대차 외에 매매나 증여·고용·위임·임대차 등 쌍방간 관계에서 주로 발생한다.

물권은 특정 물건에 대한 사람의 실효적 지배를 말한다. 채권은 특정인에게만 주장할 수 있는 권리인 반면에 물권은 모든 사람에게 권리를 주장할 수 있다. 여기서 말하는 물건은 동산과 부동산으로 이루어져 있다. 부동산은 말 그대로 움직일 수 없는 집이나 건물, 토지를 지칭한다. 동산은 돈, TV, 냉장고 등과 같이 실체가 있는 이동이 가능한 물건을 지칭한다.

고대 로마법의 소유권 개념에서는 동산과 부동산을 따로 구분하지 않았다. 그러나 중세시대 독일에서 저당제도를 활용해 부동산에 대한 자금화가 필요해졌고, 이에 따라 동산과 부동산을 분리하기 시작했으며 이를 위한 등기제도도 도입되었다고 한다. 한일합방 이후 독일 등 대륙법 체계를 받아들인 우리나라 민법에서는 현재 물권은 등기하여야 효력이 생긴다고 규정한다.

> **민법 제186조**
>
> 부동산에 관한 법률행위로 인한 물권의 득실 변경은 등기하여야 그 효력이 생긴다.

이러한 물권에는 소유권, 점유권, 지상권, 지역권, 전세권, 유치권, 질권, 저당권 등 크게 여덟 가지가 있다. 가장 대표적인 물권은 두말할 것 없이 '소유권'이다.

민법에서 말하는 '소유권'은 특정 물건을 사용, 수익, 처분할 수 있는 권리를 말한다. 8개의 물권 중에 소유권은 완전물권이며, 다른 물권들은 권리의 일부만 제한적으로 갖는 제한물권이다.

제한물권 중에 전세권, 지상권, 지역권은 소유권에서 사용·수익 권리만 가져왔기에 용익물권이라고 하며, 유치권, 질권, 저당권은 소유권의 처분 권리를 가져왔기에 담보물권이라고 지칭한다.

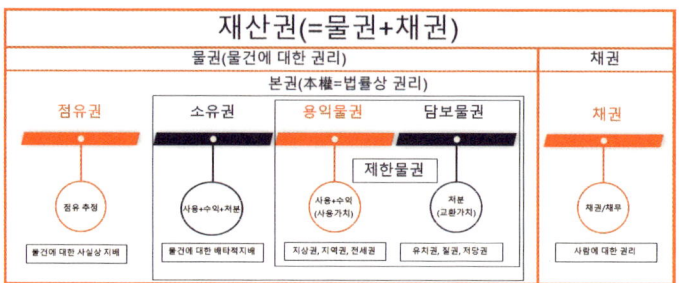

지상권은 타인의 토지 위에 자신의 건물, 수목이나 기타 공작물을 소유하기 위해 그 토지를 사용할 수 있도록 설정하는 물권을 말한다.
법정지상권은 토지와 지상 건물이 동일인에게 귀속하고 있었으나, 저당권에 의한 경매의 원인으로 토지와 지상 건물의 소유자가 달라진 때에 건물 소유자를 보호하기 위해 법률의 규정에 따라 당연히 인정되는 지상권을 말한다.
관습법상의 법정지상권은 동일한 소유자에게 속했던 토지와 건물 가운데 어느 하나가 매매 및 기타 원인으로 각각 소유자가 달라진 경우 토지주와 건물주 사이에 건물철거 특약이 없으면 건물소유주는 지상권을 취득하게 되는데 이것을 관습법상의 법정지상권이라 한다.
지역권은 일정한 목적을 위해 타인의 토지를 자기 토지의 편익에 이용하거나 자신의 토지의 이용 가치를 증대시키기 위하여 타인의 토지를 지배하는 권리를 말한다. 이때 타인의 토지로 인해 편익을 받는 토지를 요역지, 타인의 토지에 편익을 제공하는 토지를 승역지라 한다.
유치권은 타인의 물건이나 유가증권을 점유한 자가 그 물건이나 유가증권에 관한 채권 전부를 변제받을 때까지 그 물건이나 유가증권을 유치하여 채무자의 변제를 강제하는 담보물권을 말한다.

질권은 채권자가 채무 담보로서 채무자나 제삼자(물상보증인)로부터 인수한 물건을 채무변제가 있을 때까지 유치하여 채무변제를 간접적으로 강제하다가, 채무자가 변제하지 않을 경우 그 물건을 현금화(환가)하여 우선적 변제를 받을 수 있는 담보물권을 말한다.

저당권은 채권자가 채무자의 부동산(또는 동산)에 설정하여 채무자가 그 채무를 변제하지 않을 경우 그 부동산(또는 동산)을 경매에 부쳐 우선 변제받는 담보물권을 말한다.

종류			내용
민법상 물권	소유권		물건을 사용, 수익, 처분할 수 있는 권리(민법 211조)
	점유권		소유권과 관계없이 어떤 물건을 사실상 지배하여 점유하고 있는 상태
	용익물권	지상권	타인의 토지에 건물 기타 공작물, 수목을 소유하기 위하여 토지를 사용하는 권리(민법 279조)
		지역권	타인의 토지를 일정한 목적을 위하여 자기 토지의 편익에 이용하는 권리(민법 291조)
		전세권	전세금을 지급하고 타인의 부동산을 사용, 수익한후 전세권 소멸시에 목적부동산으로부터 전세금을 우선변제받을 권리(민법 303조)
	담보물권	유치권	타인의 물건또는 유가증권을 점유한 자가 그 물건 또는 유가증권에 관하여 생긴 채권의 변제를 받을 때까지 그 목적물을 유치하여 채무자의 변제를 간접적으로 강제하는 권리(민법 320조)
		질권	채권자가 채무자의 변제를 받을 때까지 채권의 담보로서 채무자 또는 제3자로부터 받은 물건을 유치하고 그 변제가 없는 때에는 그 물건의 가액에서 우선변제를 받을 권리
		저당권	채무자 또는 제3자가 점유를 이전하지않고 채무의 담보로 제공한 부동산으로부터 채권자가 우선변제를 받을 수 있는 권리
관습법 상 물권	분묘기지권		타인의 토지에 분묘를 설치한 자가 그 분묘를 소유하기 위하여 분묘기지 부분의 타인소유 토지를 사용할 수 있는 권리
	법정지상권		동일인의 소유에 속하는 대지와 그 지상건물이 매매 기타원인으로 각각 소유자를 달리하게 된 경우, 그 건물을 철거한다는 특약이 없으면 건물소유자가 그 대지위에 관습상 취득하게 되는 권리
상법상 물권			상사유치권, 상사질권, 주식질권, 선박저당권 등
특별법상 물권			입목저당권, 공장저당권, 자동차저당권, 항공기저당권, 가등기담보권, 광업권, 어업권 등

TIP | 저당권과 근저당권의 차이는?

'저당권'은 채권자가 채무자에게 돈을 빌려주며 채무자의 부동산을 담보로 설정해 두었다가 채무자가 빚을 갚지 못할 때 담보로 잡아둔 부동산을 경매로 넘겨 빌려준 돈을 회수할 수 있는 채권자의 권리를 말한다. '저당권'은 등기부등본 을구란에 '채권액'으로 표시된다.

'근저당권'은 일정한 기간 증감 변동할 불특정의 채권을 결산기에 최고액을 한도로 담보하기 위한 저당권을 말한다.

'근저당권'은 채권자가 돈을 빌려주며 채무자의 부동산을 담보로 설정해 두었다가 빚을 갚지 못할 때 담보로 잡아둔 부동산을 경매로 넘겨 빌려준 돈을 회수한다는 점에서는 '저당권'과 비슷하나, '근저당권'은 단순히 빌려준 채권 원금 외에도 연체이자 및 경매 비용 등이 포함된 '채권최고액'을 설정한다. '근저당권'은 이러한 '채권최고액'의 범위 안에서만 효력이 미치며 이를 초과하는 부분은 우선변제받지 못한다. 일반적으로 금융기관들은 '채권최고액'을 대출원금의 110%~130% 정도로 잡는다. '근저당권'은 등기부등본 을구란에 설정되며 '채권최고액'으로 표시된다.

12	근저당권설정	2021년7월1일
		제101777호
			2021년7월1일
			설정계약
				채권최고액 금363,600,000원
				채무자
				          경기도 고양시 일산동구
				근저당권자 제이비우리캐피탈주식회사
				          170111-0092784

13	10번근저당권설정등기말소	2021년7월1일 제101778호	2021년7월1일 해지	

경매 낙찰 이후 절차는?

경매 낙찰 이후 프로세스

낙찰자 결정	→	대금 납부	→	소유권 이전	→	명도 절차
최고가 입찰자		납부기한 준수		대금 완납 후		기존거주자
매각허가 결정(7일후)		대금 완납(낙찰후 45일내)		법원 확인		협의 진행(이사비)
매각허가 결정 확정(14일후)		소유권 취득		소유권이전등기 신청		인도명령(6개월내)
권리 취득		등기 가능		소유권 이전		강제집행

주택이나 상가를 경매로 낙찰받은 자(최고가매수인)가 잔금을 납부한 이후 부동산을 점유하고 있는 사람(채무자 or 임차인 or 제삼자)으로부터 부동산을 인도받는 방법으로는 크게 3가지가 있다.

① 점유자에게 이사비 제공 등 합의
② 인도명령 신청(잔금 후 6개월 이내)
③ 명도소송 제기(잔금 후 6개월 이후)

채무자나 임차인 등 점유자를 내보내는 가장 쉬운 방법은 이사비 협상이다. 그런데 간혹 점유자가 터무니없는 이사비를 요구한다거나 6개월 이상 장기간 체류를 주장할 때 문제가 된다.

이 경우, 낙찰자는 인도명령 또는 명도소송으로 점유자를 내보내야 한다. 인도명령이란 낙찰받은 부동산으로부터 퇴거를 거부하고 있는 채무자, 임차인 등 점유자를 강제로 퇴거시킬 수 있는 법원의 명령을 말한다. 이러한 인도명령 신청은 대금 완납 후 반드시 6개월 이내에 해야 한다. 6개월이 경과하면 강제집행 신청이 불가능하고, 명도소송을 다시 진행해야 하기에 훨씬 시간과 비용이 많이 소요된다.

그렇다면 낙찰자는 인도명령을 언제 신청해야 할까?

인도명령과 명도소송의 차이점

구분	인도명령	명도소송
신청	담당 경매계	해당 법원
기간	대금완납후 6개월내	하시
대상자	✓ 채무자 ✓ 채무자의 일반승계인 ✓ 소유자 ✓ 점유자	✓ 인도명령 대상에 해당하지않는 점유자 ✓ 인도명령 대상이었으나, 6개월이 경과한 점유자
소요기간	2~3주	6개월~1년
기타	매각대금 납부시 동시 신청	소송전에 점유이전금지가처분을 신청함이 효율적

필자의 경우, 잔금을 납부하면서 경매계에 바로 가서 인도명령을 신청한다. 설사 점유자와 협상이 진행 중이라도 일단 인도명령 결정을 받아두면 강제집행이라는 강력한 카드를 쥐고서 점유자를 심리적으로 압박하는 효과가 있다.

인도명령·명도소송 절차 한눈에 보기

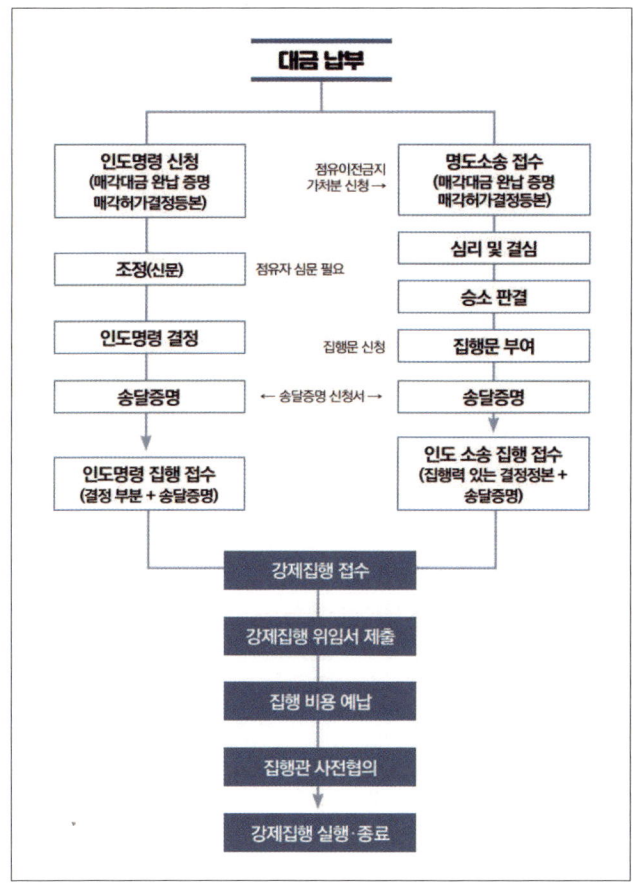

명도협상 Know How

명도란 경매낙찰자가 잔금을 치른 후에 해당 목적물의 점유자를 최대한 빨리 이사시키는 것을 말한다. 그렇다면 명도 협상은 언제쯤 진행해야 할까? 필자의 경우는 가급적 빨리 진행한다. 보통 낙찰을 받으면 최소 2~3일 이내에 현장을 방문해 점유자를 만나려고 한다. 대부분의 점유자들은 낙찰자의 명도 압박 시점부터 대개 한 달 정도 후에 이사하려고 한다. 불특정인을 상대해야 하는 경매의 특성상 어떤 유형의 점유자가 있을지 알 수가 없기에 낙찰자는 이사비를 줄지, 강제집행을 할지 등 시나리오별로 계획을 세우고 유형별로 대응하면 된다.

Plan A 명도합의가 잘 되었을때

명도의 제1순위는 점유자의 연락처를 확보하는 것이다. 아파트 경매의 경우, 낙찰자가 수차례 방문해도 점유자들은 인터폰으로 확인 후 문을 잘 열어주지 않는다. 상대방의 연락처는 어떻게 알아낼까?

1) 건물관리소를 방문해 점유자 인적 사항 및 연락처를 파악한다. 이때 관리소가 점유자의 연락처를 알려주지 않을 경우, 관리소장이 직접 점유자와 통화를 하도록 시킨 후에 전화를 바꿔 받으면 된다.

2) 해당 법원 경매계에 방문해 재판기록 열람서를 신청한다. 해당 경매사건 열람목록을 꼼꼼하게 살펴보면, 간혹 임대차계약서 사본이나 집행관현황조사서 등에서 연락처를 찾을 수 있다.

3) 건물 문 앞에 A4지로 경매낙찰자 연락처를 적어둔 후에 붙여둔다. 대개 2~3일 내로 점유자로부터 전화가 온다.

낙찰자가 점유자와 소정의 이사비를 주고 명도합의가 되었을 때는 가능하면 명도합의서를 쓰자. 일단 합의서를 써두면 상대방에게 이행하도록 압박하는 효과가 있다. 이때 합의서 내용에는 반드시 미납한 관리비와 공과금을 점유자가 모두 정산하는 내용을 포함해야 한다. 때로는 낙찰자가 점유자에게 주는 이사비보다 미납관리비가 훨씬 더 많을 수 있다.

TIP | 명도합의서는 어떻게 작성해야 할까?

명도합의서의 양식은 따로 정해진 것은 없으나 1)주소 2)경매사건 번호 3)점유자 인적사항 4) 낙찰자 인적사항 5) 명도 합의 내용 등을 포함해 작성하면 된다.

명도 합의 내용에는
"채무자(임차인)가 관리비 등 각종 공과금을 완납할 경우 낙찰자는 채무자에게 000만 원의 이사비를 지급하기로 한다."
"퇴거일인 '00년 00월 00일'까지 채무자(임차인)에게 월세를 받지 않겠지만, 만약 약속을 이행하지 않을시 위약의 의미로 1,000만 원을 지급하기로 한다." 등의 문구를 넣어

명도합의서

* 목적물 소재지 : 00도 00시 00구 00-0번지

- 다 음 -

1. 임차인은 20xx년 0월 0일까지 위 부동산을 소유자에게 인도(명도)함과 동시에 퇴거를 원칙으로 하고, 20xx년 0월 0일 상기 명도일까지 관리비 등 각종 공과금을 모두 정산한다.

2. 영업에 필요한 장비와 잔존 시설물 등은 현 상태로 두고(혹은 현상복구) 인도(이사)한다.

3. 인도(이사)시에는 깨끗이 정리하고, 잔존물(쓰레기)이 없도록 한다. 명도일 이후에 남은 잔존물은 폐기 처분하여도 민, 형사상 책임을 묻지 않기로 한다.

4. 임차인은 현 부동산에 존재하는 모든 일체의 법적권리 주장을 하지 않기로 약속하며 현재 권리주장한 사항이 있다면 취하서를 소유자에게 제출 한다.

5. 소유자는 임차인이 위의 1~4항을 성실히 이행할 경우 이사비로 금 000만원을 임차인에게 지급하며, 소유자의 이사비 지급과 임차인의 명도의무는 동시이행관계에 있다.

6. 만일 임차인이 이사비를 받았는데도 불구하고 명도의무를 지체한다면 어떠한 민, 형사상 책임도 감수할 것을 약속한다.

20xx년 0월 0일

* 소유자(임대인) 성 명: (인)
  주 소:
  연 락 처:

* 점유자(임차인) 성 명: (인)
  주민번호:
  주 소:
  연 락 처:

두는 게 좋다.

명도합의서 자체는 아무런 법적 구속력이 없지만 상대방이 약속을 지키도록 심리적으로 압박할 수 있고, 이를 토대로 혹시 발생할지 모를 소송에서 증거자료로 사용가능하기 때문이다.

명도합의서는 이사비 협상 등 명도 상황에 따라 반드시 작성해야 할 서류는 아니다. 또한 상대방이 약속을 어길 경우, 제재할 마땅한 법적 구속력도 없다.

명도합의서 말고 명도확인서라는 서류가 있다. 명도확인서는 배당받을 보증금이 있는 임차인이 낙찰자로부터 꼭 받아야만 하는 서류다. 배당받을 보증금이 있는 임차인은 낙찰자로부터 명도확인서와 낙찰자의 인감증명서를 받아 법원에 제출해야 자신의 보증금을 받을 수 있다. 낙찰자의 명도확인서가 없으면 임차인의 보증금은 계속 법원에 귀속되어 있기에 낙찰자에게는 유리한 위치에서 이사비 협상을 할 수 있는 카드로 활용할 수 있다.

Plan B 명도합의가 불발되었을때

점유자와 이사비 합의가 불발될 경우 어쩔 수 없이 인도명령을 신청하고 최악의 경우 강제집행까지 고려해야 한다. 만약 경매낙찰자가 6개월 내 인도명령 신청을 하지 않을 경우 명도소송으로 대응해야 한다.

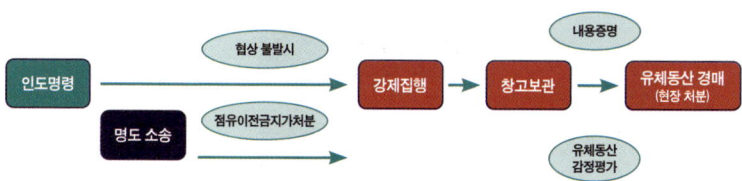

인도명령 신청하기

인도명령은 경매 절차에서 낙찰자가 매각대금 완납 후 6개월 이내에 채무자나 소유자 또는 점유자에 대하여 매각 부동산을 낙찰자에게 강제로 인도하도록 명하는 제도이다. 인도명령을 신청할 때는 점유이전

인도명령 절차 한눈에 보기

금지가처분 신청을 병행하면 좋다.

필자의 경우, 아파트 등 주거용 건물일 경우에는 대개 인도명령만 신청하고, 명도 저항이 거셀 것으로 예상되는 유흥주점 등 특수물건 낙찰 시에만 점유이전금지가처분 신청도 병행한다.

1. 인도명령을 신청하려면 다음 서류가 필요하다.

- ◆ 부동산 인도명령 신청서
- ◆ 매각대금완납증명서
- ◆ 위임장, 인감증명서(대리인 신청시)
- ◆ 점유자의 호적등본, 법인등기부등본

* 입찰기록 서류에 기록이 없는 점유자를 상대방으로 인도명령을 신청하는 경우는 주민등록등본이나 사업자등록증, 영업명의 확인서를 첨부하거나 거주사실확인서 등을 받아 첨부해 인도명령 신청을 해야 함.

2. 이때 인도명령 신청서 작성 시 대상자가 누구인지 잘 특정해서 법원 경매계에 제출해야 한다. 집행관이 계고를 할 때 인도명령의 대상자가 아닌 제삼자가 점유하고 있으면 원점에서 다시 작성해야 하기 때문이다.

【인도명령 대상자】

- ◆ 채무자, 소유자, 대항력 없는 임차인과 부동산 점유자
  * 민사집행법 제136조 1항
- ◆ 채무자나 소유자의 일반승계인

* 부동산 점유자 중에서 낙찰자에게 대항할 수 있는 권원에 의해 점유 중인 자는 인도명령의 상대방이 될 수 없고(민사집행법 제136조), 이때는 명도소송을 제기해야 한다.

3. 인도명령신청서 양식은 해당 법원 경매계 접수대에 비치되어 있으니, 다음처럼 간단하게 작성해 제출하면 된다.

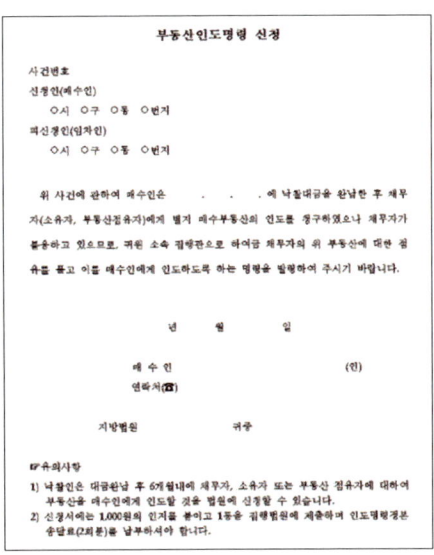

TIP | 인도명령을 전자로 신청할 수 있다고?

현업으로 바쁜 직장인이라면 사무실 컴퓨터에서도 신청가능하다!

STEP 1 대법원 전자소송포털(www.ecfs.scourt.go.kr)에 접속한다.
홈페이지 화면에서 민사집행 서류 → 부동산 인도명령신청서 클릭

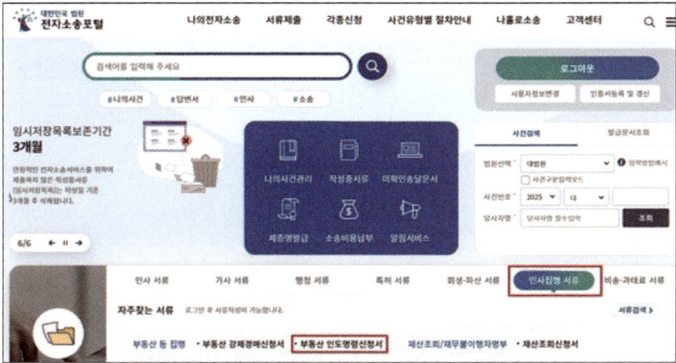

STEP 2 민사집행서류(부동산 인도명령신청서)에서 정보 입력!

※ '당사자명'은 낙찰자 본인이 아니라 채권자명을 입력할 것!.

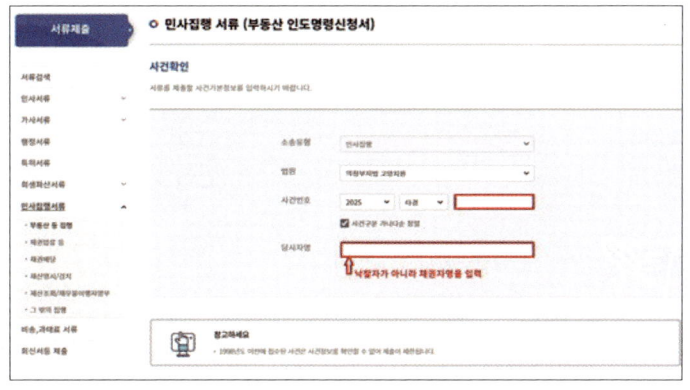

STEP 3 민사집행서류 - 부동산 인도명령신청서 동의 클릭!

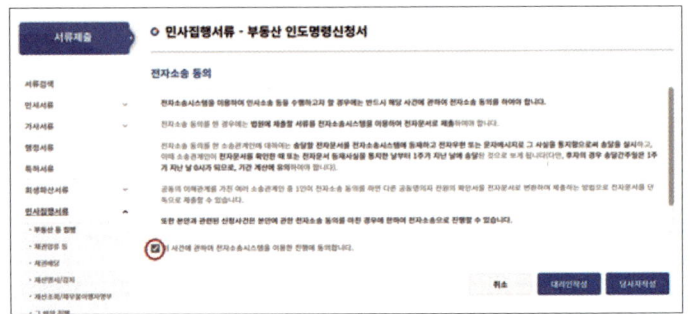

STEP 4 당사자 기본정보: 신청인 → 내정보 가져오기 클릭

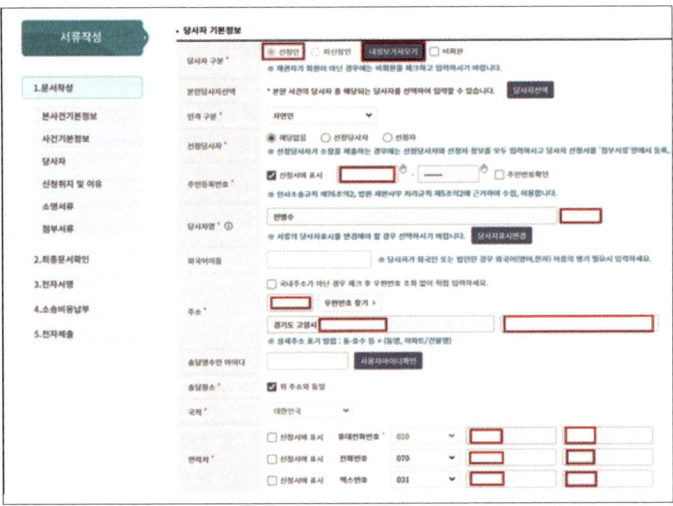

STEP 5 당사자 기본정보: 피신청인 입력

당사자명: 낙찰받은 물건지 점유자 이름 입력

주소 : '우편번호 찾기' 클릭 후 낙찰받은 부동산 주소 입력

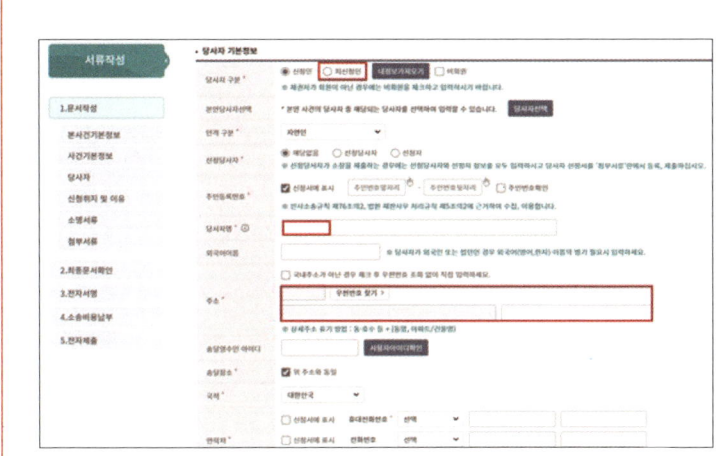

STEP 6 신청취지 및 신청이유 작성

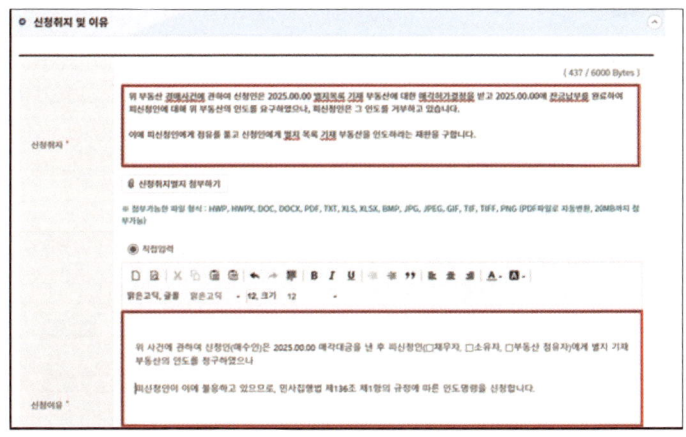

STEP 7 소명서류- 파일첨부

① 매각대금완납증명원 ② 낙찰영수증 ③ 소재지 등기부등본

STEP 8 첨부서류- 부동산 별지목록 첨부

* 부동산 별지목록은 등기부등본 표제부 내용을 참고해 다음 양식으로 작성

부동산 별지 목록

소재지	용도/구조/면적	비고
인천광역시 00구 00동 0층 000호	**1동의 건물의 표시** ➡ 등기부등본 표제부 내용 기재 인천광역시 00구 00동 000-00 (도로명주소) 인천광역시 00구 00000길 00 철근콘크리트조 (철근)콘크리트스라브지붕 8층 지하2층 255.76㎡ 지하1층 186.3㎡ 1층 273.7㎡ 2층 379.11㎡ 3층 376.055㎡ 4층 376.055㎡ 5층 376.055㎡ 6층 376.055㎡ 7층 376.055㎡ 8층 376.055㎡ **전유부분의 건물의 표시** ➡ 등기부등본 표제부 내용 기재 건물의 번호 : 0층 000호 구　　조 : 철근콘크리트조 면　　적 : 314.58㎡ **대지권의 목적인 토지의 표시** ➡ 등기부등본 표제부 내용 기재 토지의 표시 : 1. 인천광역시 00구 00동 000-00 　　　　　　　　대 553.8㎡ 대지권의 종류 : 1. 소유권 대지권의 비율 : 1. 553.8분의 70.78	

명도소송 진행하기

명도소송이란 부동산 임대차 계약이나 경매 절차에서 점유자가 스스로 부동산을 인도해주지 않을 때 점유 이전을 위해 제기하는 소송이다.

명도소송은 반드시 사전에 점유이전금지가처분 신청을 해두어야 한다. 왜냐하면 명도소송을 진행하는 중에 점유자가 다른 자에게 점유를 이전시킬 경우 집행불능에 빠질 우려가 있기 때문이다.

Step 1 **명도소장 작성 및 관련 서류 준비하기**

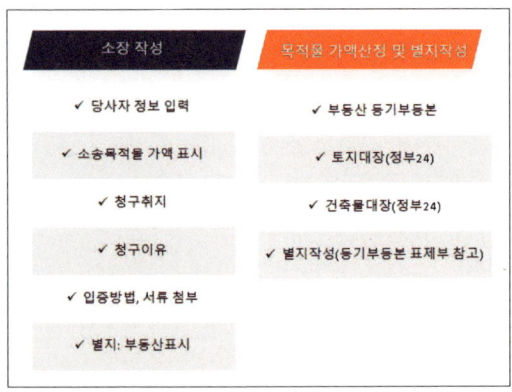

Step 2 명도소송을 진행하기 이전에 점유이전금지가처분을 신청하자.

점유자가 제삼자에게 점유 이전을 할 경우 강제집행이 힘들다.

TIP | 점유이전금지가처분 신청은 어떻게 할까?

점유이전금지가처분이란 현재의 부동산 점유자가 제삼자에게 점유를 이전하지 못하도록 법률적으로 강제하는 절차를 말한다.

점유이전금지가처분을 집행할 때 집행관과 성인 2명 등 입회인이 함께 가기에 점유자를 심리적으로 압박할 수 있어 협상의 여지가 생기고, 폐문인 경우 강제로 개문한 후 내부에 가처분결정문을 부착하면서 인테리어 등 내부 상태를 확인해 볼 수 있다.

점유이전금지가처분 접수 시 필요서류

① 신청서 1통 ② 소명자료 ③ 별지목록 6부 ④ 대법원 수입증지
⑤ 인지대(10000원) ⑥ 송달료(22200원=2인*3700원*3회분)

점유이전금지가처분 절차 한눈에 보기

점유이전금지가처분 신청	
↓ (3~4일후)	
법원 보정명령	소명자료 부족, 비용부족 등
↓ (3~4일후)	
법원 담보제공 명령	보증보험증권, 현금공탁서 사본
↓ (3~4일후)	
점유이전금지가처분 결정	결정문 송달후 2주내에 집행신청
↓ (14일내)	
가처분 집행 신청	

TIP | 전자로 점유이전금지가처분 신청하기

1. 대법원 인터넷등기소 홈페이지에 접속해 민사서류를 클릭한다.

2. 민사서류→민사가처분신청서를 클릭한다.

3. 명도소송전이라 본안사건이 없기에 세부사항 입력할 필요 없이 단순히 확인 버튼만 누르고 다음 단계로 이동한다.

4. 본인이 직접 신청하므로 당사자 작성을 누르고 이동한다.

5. 사건명(부동산점유이전금지)을 클릭한 후 목적물 가액과 피보전권리, 제출법원, 집행대상 목적물수를 단계적으로 입력한다.

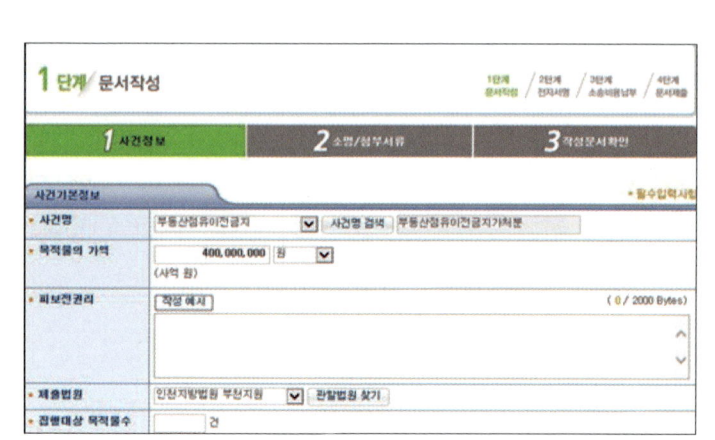

6. 당사자목록과, 신청취지, 신청이유를 작성한다.

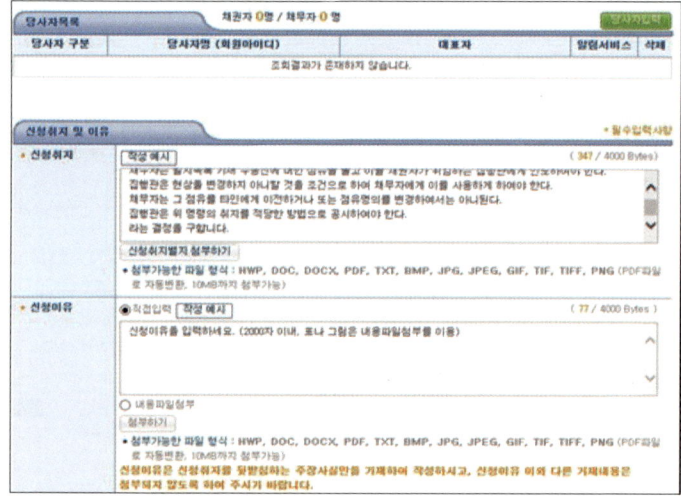

7. 신청취지와 신청이유 및 첨부서류 등은 필자가 실제 작성한 사례를 참조해 다음과 같은 형식으로 작성하면 된다.

점유이전금지가처분신청

채권자 1 (이름) 전병수   (000000 - 000000)
       (주소) 경기도 00시 00 00026, 000동 0000호
                              (연락처) 010-0000-0000

채무자 1 (이름) 000   (000000 - 000000)
       (주소) 인천광역시 00구 00동 000-0 000-0000

목적물의 가액의 표시 : 금 000,000,000원
목적물의 표시 : 별지목록 기재 부동산 중 0층 600.00㎡

부동산 점유이전금지가처분

신 청 취 지

1. 채무자는 별지목록 기재 부동산에 대한 점유를 풀고 채권자가 위임하는 집행관에게 인도하여야 한다.
2. 위 집행관은 현상을 변경하지 아니하는 것을 조건으로 하여 채무자에게 이를 사용하게 하여야 한다.
3. 채무자는 그 점유를 타인에게 이전하거나 또는 점유명의를 변경하여서는 안된다.
4. 집행관은 위 명령의 취지를 적당한 방법으로 공시하여야 한다.

라는 재판을 구합니다.

신 청 이 유

1. 채권자들은 별지목록 기재 부동산에 대해 2020.10.00에 한국자산관리공사의 공매절차를 통해 금 0억 00,000,000원에 낙찰받은 후, 2220.11.26 매각대금을 모두 납입함으로써 별지목록 기재 부동산의 소유권을 취득하였습니다.

2. 그런데 채무자 000는 별지목록 기재 부동산에 관하여 채권자들의 공매 낙찰로 인하여 그 권리가 모두 소멸하였으므로 별지목록 기재 부동산을 점유할 권리나 권한이 없는데도 무단 사용중에 있습니다.

3. 따라서 채권자들은 채무자들을 상대로 건물명도 청구의 본안소송을 제기하려고 준비중에 있으나 위 판결 이전에 채무자들이 점유명의를 변경한다면 채권자들이 나중에 위 본안소송에서 승소판결을 받더라도 집행불능이 되므로 이의 집행보전을 위하여 이 사건 신청에 이른 것입니다.

4. 다만 이 사건 가처분에 따른 담보제공은 민사집행법 제19조 제3항, 민사소송법 122조에 의하여 보증보험증권으로 제출할 수 있게 허가하여 주시기 바랍니다.

소 명 방 법

1. 소갑 제1호증 매각결정통지서   1통
2. 소갑 제2호증 건물 등기부등본   1통

첨 부 서 류

1. 위 소명방법   각 1통
2. 건축물대장 등본   1통

2020. 00. 00

위 채권자 : 전병수 (인)

인천 지방법원 부천지원 귀중

Step 3 명도소송을 진행하자.

소 장

원고 : 전병수

경기도 OO시 OO구 OOO OOO

피고 : OOO

경기도 OO시 OO구 OOO OOO

우편번호

건물명도등 청구의 소

청 구 취 지

1. 피고는 원고에게 별지기재 부동산중 별지도면 각 점을 순차 연결한 "가" 부분 _____ 평방미터를 명도하고, 2020.10.1부터 명도일까지 월 금 _____ 원의 비율에 의한 금원을 지급하라.

2. 소송비용은 피고의 부담으로 한다.

3. 위 제1항은 가집행할 수 있다.

라는 판결을 구함

청 구 원 인

1. 원고는 별지기재 부동산에 대하여 OOO법원으로부터 낙찰허가결정을 얻고(OOOO 타경 OOO호 부동산임의경매) 2020.10.1. 경락대금 전부를 완납한 소유자입니다.

2. 피고는 별지기재부동산의 별지기재도면 "가"부분 100평방미터에 대하여 소유자(전소유자)와 2020. 1. 1 임대차 계약을 체결한 점유자입니다.

3. 원고는 별지기재부동산의 정당한 소유자로써 피고에게 건물의 명도를 요구하였으나 피고는 임차보증금 및 권리금을 주장하며 건물명도를 거부하고 있습니다.

4. 위 부동산은 2019.10.1 귀원 경매개시결정으로 담보권을 실행한 물건으로 피고는 2019.12.1 소유자와 임대차계약을 체결하였고 임대기간도 2020.11.30부로 종료되었으므로 원고에 대하여 아무런 대항력도 없는데도 불구하고 임차보증금반환 및 권리금을 주장한채 건물 명도를 거부하고 있습니다.

5. 이에 원고는 피고에 대하여 피고가 점유중인 별지기재 부동산의 별지도면표시 "가"부분에 대한 건물명도를 구하고, 피고가 주장한 임차보증금 금 _____ 원 및 차임 월 금 _____ 원을 근거로 차임으로 산정하여 금 _____ 원에 대하여 _____ 원의 임대료 상당의 손해배상금의 청구를 위하여 본 소에 이른 것입니다.

입증방법 및 첨부서류

1. 부동산등기부등본 2통
1. 임대차계약서사본 1통
1. 건축물관리대장 1통
1. 토지대장 1통

2020. 11. 001

위 원고 : 전 병 수 (인)

oo 지방법원 귀중

Step 4 **부동산 표시 목록을 작성하자.**

 부동산 표시 목록을 작성하기 전 대법원 인터넷등기소에 들어가서 등기부등본을 발급받자. 등기부등본 내 표제부를 보고 주소·전유부분·대지권 등을 기입하면 된다.

```
[별 지]

                    부동산의  표시

1동의 건물의 표시
    ○○시 ○구 ○○동 ○○○ ○○○아파트 제205동
    [도로명주소] ○○시 ○○구 ○○로 ○○

전유부분의 건물의 표시
    건물번호 : 205-5-508
    구    조 : 철근콘크리트조
    면    적 : 5층 508호 42.55㎡

대지권의 목적인 토지의 표시
    1. ○○시 ○구 ○○동 ○○○      대  15144.8㎡
    2.    같은 동          ○○○-2   대  1876.2㎡
    3.    같은 동          ○○○-3   대  5725.4㎡
    4.    같은 동          ○○○-4   대  6011㎡
    5.    같은 동          ○○○-5   대  2056㎡
    6.    같은 동          ○○○-6   대  3746.3㎡
    7.    같은 동          ○○○-7   대  1013㎡
    8.    같은 동          ○○○-8   대  2954.5㎡

대지권의 종류 : 1 내지 8 소유권

대지권의 비율 : 39.66/38527.2. 끝.
```

Step 5 부동산 공부서류 발급하기

등기부등본은 '인터넷등기소'에 들어가서 1,000원 주고 발급받으면 된다. 토지대장과 건축물대장은 '정부24시'에 들어가면 발급받을 수 있다.

강제집행 셀프로 해보기

강제집행 전체 흐름도 한눈에 살펴보기

인도명령 신청	낙찰자 → 대금 완납 후 바로 신청
↓	
서면심리 및 소환에 의한 심문	민사집행법 제136조 4항
↓	
인도명령 결정	신청 후 2주 내 결정
↓	
인도명령 결정문 송달	통상적으로 1~2주
↓	
강제집행 신청 : 집행관 사무실	인도명령결정문 + 송달증명원
↓	
집행을 위한 현장 조사	1~2주
↓	
집행 비용 예납	
↓	
강제집행기일 통지	2주
↓	
강제집행 계고	
↓	
강제집행 실시	보관창고로 이송
↓	
유체동산 보관 신청	유체동산 처분은 3개월 내 할 것
↓	
유체동산 압류 신청	압류집행(빨간딱지) 및 목록표 작성
↓	
유체동산 감정평가 신청	
↓	
유체동산 경매 기일 신청 및 낙찰	채무자에게는 사전 내용증명 발송

강제집행이란 채권자의 신청에 의하여 국가의 집행기관이 채권자를 위하여 집행권원에 표시된 사법상의 이행청구권을 국가권력에 기하여 강제적으로 실현하는 법적 절차를 말한다.

1. 인도명령에 기한 강제집행 신청 절차

《 강제집행 신청 시 필요서류 》

① 부동산인도명령 결정문
② 송달증명원
③ 강제집행예납금(강제집행 접수비, 집행관수수료, 노무비 등)

1) 강제집행 신청서 작성
법원 내 집행관 사무실에 있는 양식에 의해 작성

2) 예납금 납부
강제집행 신청서를 제출하면 집행관 사무실에서는 강제집행 사건번호가 기재된 접수증과 납부서를 준다. 낙찰자는 이러한 서류를 지참해 법원 내 신한은행에 비용을 납부하면 된다.

3) 집행예고
낙찰자가 수수료를 납부하면 집행관이 현장을 방문해 점유자가 있을 경우 선의적으로 인도할 것을 촉구하며, 0월 0시에 강제집행을 실시할 것이라는 예고장을 붙여둔다. 이때 집행관은 낙찰자 외에 성인 2명 참관하에 집행예고를 실시하는데, 문이 닫혀있을 경우 열쇠공을 대동해 강제개문을 실시한다. 열쇠공이 강제개문할 경우 통상 10만 원 정도 받으며, 점유자가 있어 문을 열 경우에는 3만 원 정도만 출장비 조로 받는다.

강제집행신청서

지방법원	지원 집행관사무소 집행관 귀하				
채권자	성 명		주민등록번호(사업자등록번호)		전화번호 우편번호
	주 소				
	대리인	성명 ( )		전화번호	
채무자	성 명		주민등록번호(사업자등록번호)		전화번호 우편번호
	주 소				

집행목적물 소재지	□ 채무자의 주소지와 같음
	□ 채무자의 주소지와 다른 경우 소재지:
집 행 권 원	
집행의 목적물 및 집행방법	□ 동산가압류 □ 동산가처분 □ 부동산점유이전금지가처분 □ 건물명도 □ 철거 □ 부동산인도 □ 자동차인도 □ 금전압류 □ 기타 ( )
청 구 금 액	원(내역은 뒷면과 같음)

위 집행권원에 기한 집행을 하여 주시기 바랍니다.

※ 첨부서류
1. 집행권원 1통
2. 송달증명서 1통
3. 위임장 1통

20 . . .
채권자 (인)
대리인 (인)

※ 특약사항
1. 본인이 수령할 예납금잔액을 본인의 비용부담하에 오른쪽에 표시한 예금계좌에 입금하여 주실 것을 신청합니다.
채권자 (인)

예금계좌	개설은행	
	예금주	
	계좌번호	

2. 집행관이 계산한 수수료 기타 비용의 예납통지 또는 강제집행 속행의사 유무 확인 촉구를 2회 이상 받고도 채권자가 상당한 기간 내에 그 예납 또는 속행의 의사표시를 하지 아니한 때에는 본건 강제집행 위임을 취하한 것으로 보고 완결처분해도 이의 없음.
채권자 (인)

2. 강제집행 당일 절차

집행관 사무실에서 낙찰자에게 집행날짜와 시간 등을 정해준다.

1) 집행 방법

집행관은 직접 실력으로 부동산에 대한 채무자의 점유를 배제하고 채권자에게 점유를 취득하게 하는 직접강제 방법으로 집행함. 만약 채무자가 집행에 저항하는 경우에는 필요 한도 내에서 위력을 행사해서라도 집행을 수행해야 하고, 필요시 경찰 또는 국군의 원조도 청구할 수 있다(민집법 제5조 2항).

2) 낙찰자 출석 여부

낙찰자가 부동산을 인도받기 위해서는 현장에 반드시 출석해야만 집행이 이루어진다. 낙찰자 외에 증인 2명 출석해야 한다.

3) 가족, 동거인이 있는 경우

채무자와 함께 거주 중인 가족이나 동거인 또는 고용인에 대해서는 별도의 집행권원 없이도 집행할 수 있다(채무자의 점유보조자로서 독립된 점유자에 해당한다고 볼 수 없기 때문임).

4) 집행종료 시기

부동산 강제집행은 부동산에 대해 낙찰자가 현실의 점유를 취득한 때에 종료하며, 낙찰자의 점유 취득 후 채무자가 다시 침입할 경우 형법상 강제집행효용침해죄나 주거침입죄를 물을 수 있다.

> **형법 제140조의2(부동산강제집행효용침해)**
> 강제집행으로 명도 또는 인도된 부동산에 침입하거나 기타 방법으로 강제집행의 효용을 해한 자는 5년 이하의 징역 또는 700만원 이하의 벌금에 처한다.

> **형법 제319조(주거침입, 퇴거불응)**
> ① 사람의 주거, 관리하는 건조물, 선박이나 항공기 또는 점유하는 방실에 침입한 자는 3년 이하의 징역 또는 500만원 이하의 벌금에 처한다.
> ② 전항의 장소에서 퇴거요구를 받고 응하지 아니한 자도 전항의 형과 같다.

3. 강제집행 후 유체동산 처리 절차

1) 강제집행 실시

① 채무자가 있을 경우

명도 현장에 채무자가 있어 집기를 강제집행했다면 가재도구 등의 처리는 낙찰자가 아닌 채무자가 해야 하나, 강제집행 후 채무자가 가재도구를 다른 곳으로 이전할 경제적 능력이 없거나 다른 장소로 이전하지 않을 것이 충분히 예상되는 때에는 낙찰자가 보관해야 함.

② 채무자가 없는 상태에서 강제집행

집행관을 대동해 현장을 방문했으나 채무자가 부재중이거나 집행방해 목적으로 문을 열어주지 않아 2회 집행이 불능이 될 경우, 집행관이 낙찰자 입회하에 강제로 開門하여 강제 집행함. 채무자 소유의 가재도구는 낙찰자가 보관을 책임지나 보관 비용은 채무자 부담으로 함(실무상 낙찰자가 부담하고 후에 채권추심).

> **민사집행법 제258조(부동산 등의 인도청구의 집행)**
> ① 채무자가 부동산이나 선박을 인도하여야 할 때에는 집행관은 채무자로부터 점유를 빼앗아 채권자에게 인도하여야 한다.
> ② 제1항의 강제집행은 채권자나 그 대리인이 인도받기 위하여 출석한 때에만 한다.
> ③ 강제집행의 목적물이 아닌 동산은 집행관이 제거하여 채무자에게 인도하여야 한다.
> ④ 제3항의 경우 채무자가 없는 때에는 집행관은 채무자와 같이 사는 사리를 분별할 지능이 있는 친족 또는 채무자의 대리인이나 고용인에게 그 동산을 인도하여야 한다.
> ⑤ 채무자와 제4항에 적은 사람이 없는 때에는 집행관은 그 동산을 채무자의 비용으로 보관하여야 한다.
> ⑥ 채무자가 그 동산의 수취를 게을리 한 때에는 집행관은 집행법원의 허가를 받아 동산에 대한 강제집행의 매각절차에 관한 규정에 따라 그 동산을 매각하고 비용을 뺀 뒤에 나머지 대금을 공탁하여야 한다.

2) 유체동산 경매

채무자가 장기간 가재도구를 찾아가지 않을 경우 낙찰자는 집행관

사무소에 비치된 '집행목적물이 아닌 유체동산 경매허가신청서'를 작성해 인도집행조서 사본과 함께 신청하면 법원은 유체동산 경매허가 결정을 내려줌.

① 유체동산의 경매신청
낙찰자는 부동산 인도집행조서에 의하여 채무자 명의의 유체동산에 대한 경매신청을 집행관사무소에 가서 해야 함.

② 유체동산의 압류신청
낙찰자가 유체동산 경매신청을 하면 집행관은 낙찰자에게 압류집행 날짜와 시간을 통보해줌. 이때 낙찰자는 지정한 날짜 및 시간에 반드시 현장에 참석해야 하며, 집행관은 보관창고에서 압류집행(소위 빨간 딱지를 붙이는 행위)을 하고 압류물 목록표를 작성함.

③ 감정평가 신청
유체동산의 압류신청 후 낙찰자는 집행관사무소에 가서 압류된 유체동산에 대한 감정평가 신청을 해야 함. 그래야 압류된 유체동산에 대한 평가금액이 나오고 이를 기준으로 유체동산을 경매 진행함.

④ 유체동산 경매기일 신청
유체동산 감정평가 금액이 나오면 낙찰자는 다시 집행관사무소에

가서 경매기일 지정 신청을 해야 함. 이후 집행관은 낙찰자에게 경매기일과 시간을 통보해주고, 낙찰자는 집행관이 지정하는 기일과 시간에 현장에 참석해 본인이 직접 유체동산을 낙찰받은 후 처분 조치함.
(그간 소요된 보관 비용과 낙찰금액은 상계처리함)

TIP | 강제집행 비용 산출법

만약 협상이 결렬되어 100평 상가를 강제집행하면 비용은 어느 정도일까?
강제집행비용 + 물류비용(3개월 창고보관료+이송료+유체동산 감평 비용)을 모두 포함해야 한다.

【강제집행비용】: 300만 원

강제집행 접수비: 4만원(접수시 강제집행예납금 20~40만원 납입)

집행관 기본 수수료: 15,000원(2시간 초과시 시간당 1500원 가산)

노무자 수수료(1인당 13만원, 야간집행은 20% 가산, 장비동원시 별도)

5평 미만: 2~4명

5-10평 : 5-7명

10~20평 미만: 8-10명

20~30평 미만: 11-13명

30~40평 미만: 14-16명

40~50평 미만: 17-19명

50평 이상: 매 10평 증가시 2명 추가

결론적으로 100평 노무자비용 = 28명*13만원=325만원

【물류비용】: 600만원

1컨테이너당 110만원(창고보관료 3개월분) * 5대 = 550만원

*1컨테이너는 통상적으로 실평수 20평 기준 분량

스카이비용(30만원) + 음료비(10만원) = 40만원

유체동산 감정평가 비용: 20만원

결론적으로 실평수 100평 상가를 강제집행시 900만원 정도 비용이 예상됨

필자가 60평(실평수) 아파트를 실제 강제집행해보니 창고비용, 감평비용까지 포함해 대략 350만원 정도 소요됨

TIP | 강제집행 비용은 누가 부담할까?

강제집행 비용은 원칙적으로 채무자가 부담한다.

> **민사집행법 제53조(집행비용의 부담)**
> ① 강제집행에 필요한 비용은 채무자가 부담하고 그 집행에 의하여 우선적으로 변상을 받는다.
> ② 강제집행의 기초가 된 판결이 파기된 때에는 채권자는 제1항의 비용을 채무자에게 변상하여야 한다.

실무적으로는 일단 경매낙찰자가 강제집행을 진행한 후에 보관창고 비용까지 자비로 부담한다. 이후 10년 내로 낙찰자는 채무자를 상대로 구상권 청구소송을 진행해서 모두 받아내면 된다. 통상적으로 경매낙찰 이후 강제집행될 때까지 파산한 채무자들은 낙찰자와 드잡이하며 최대한 버티려고 하기에 그 기간까지 주거한 비용들도 매월 임차료 명목으로 구상권소송에 포함해 받아낼 수는 있다.

다만, 경매당한 채무자 대부분이 신용불량 상태에 이른 사람이 많아 승소판결문을 받아도 추심대상이 되는 재산이 없을 확률이 높기에 투입비용을 환수하기가 쉽지 않다.

경매 돌발상황에
대처하는 노하우

경·공매를 낙찰받다 보면 누구나 예상치 못한 돌발상황에 부딪힐 수가 있다. 예를 들어 ① 채무자의 경매집행정지신청 ② 후순위임차인의 대위변제 ③ 갑작스러운 유치권신고 ④ 말소될 것으로 예상된 선순위 가등권자의 본등기 ⑤ 선순위 가처분권자의 본안소송 승소 등등.

특히 경매낙찰 이후 갑작스럽게 대항력 있는 진성유치권을 주장하는 자가 나타나게 될 경우, 낙찰자는 경매매각허가결정이 떨어지기 전에 매각불허가나 매각허가결정의 취소 신청을 집행법원에 바로 제기, 매각취소신청을 받아내어 입찰보증금을 회수하여야 한다. 만일 법원이 매각불허가 신청을 받아들이지 않을 경우 낙찰자는 수천만 원대의 입찰보증금을 포기하거나 거액의 유치권을 주장하는 유치권자와 일부 금액을 주고 다시 협상해야 하는 리스크에 직면할 수 있다.

이 장에서 거론하는 사례들은 필자가 20여 년간의 경매투자기간 중에 실제로 발생했던 경험을 실전 위주로 재구성한 것이다.

경매투자자로 살아가려면 경·공매 절차를 늘 머릿속에 꿰고 있으면서 돌발상황에 대비해 침착하게 대응해야 피해를 최소화할 수 있다.

후순위 임차인이
대위변제를 했을 때?

경매에서 흔한 케이스는 아니지만 때때로 경매낙찰 이후에 후순위임차인의 대위변제 가능성이 발생할 수 있다. 즉, 경매가 진행되어 후순위임차인이 자기의 임차보증금을 지키기 위해서 채무자 선순위 근저당을 대신 변제할 경우 근저당권이 말소됨에 따라 말소기준권리 뒤에 있던 후순위임차인이 자동적으로 선순위 임차인으로 순위가 변동될 수 있다. 이 경우 경매낙찰자는 전혀 예상치 못하게 후순위임차인의 임차보증금을 대신 물어줄 위험에 처할 수도 있다. 과연 낙찰자는 이러한 위기에 어떻게 대처해야 할까?

먼저 어떤 경우에 대위변제가 발생하는지부터 살펴보자.

경매 절차에서 선순위 채권액은 소액이나, 후순위 임차인의 보증금이 많은 경우에 종종 발생한다.

예를 들면, 집주인(채무자)의 선순위 근저당 금액이 3,000만 원이고 전세 등 임차인의 보증금이 1억 원이라고 가정해보자. 해당 물건이 경매로 낙찰되어 경매배당기일에 임차인이 배당순위에 따라 자신이 배당받아야 할 보증금을 사전 계산해보니, 선순위로 배당되는 최우선변제금이나 근로자 퇴직금 또는 조세채권 등이 있을 경우 후순위 임차인의 보증금이 매각가격의 1/2도 변제받지 못할 경우가 발생하면 임차인 입장에서는 일단 집주인의 선순위 근저당 3,000만원을 변제함이 유리하다. 이 경우 후순위였던 임차인의 보증금이 자동으로 선순위 임차인으로 변신하게 되며, 배당을 통해 전액 변제받지 못하더라도 배당받지 못한 나머지 보증금을 낙찰자에게 요구할 수 있다.

그렇다면 임차인이 대위변제를 할 경우 낙찰자의 대응 방안은?

먼저, 경매 절차 단계별로 처리 방향이 다르다.

① 매각허가결정 전에 대위변제를 한 경우 → 매각 불허가 신청
② 매각허가결정 확정 전에 대위변제를 한 경우 → 즉시 항고
③ 잔금 납부 전에 대위변제를 한 경우 → 매각허가결정 취소 신청
④ 잔금 납부 후 배당기일 이전에 대위변제를 한 경우 → 법원에 경매에 의한 매매계약을 해제하고 경매대금 반환청구
⑤ 배당기일 이후 → 채무자에게 계약해제 또는 대금 감액 청구

통상적으로 배당표 원안은 해당 경매계에서 배당기일 2~3일 전 작성한다. 이때 낙찰자 등 이해관계인은 배당표 열람이나 복사가 가능하다. 낙찰자는 배당표 열람을 통해 임차인의 대위변제 가능성 등도 꼼꼼히 점검할 필요가 있다.

채무자가 경매집행 정지를
신청했을 때?

몇 년 전 일이다. 필자가 일산에서 경매학원을 운영할 당시 수강생이었던 김 여사님이 낙찰받았던 상가다. 화정역세권에 위치한 32평 상가였는데 김 여사님이 낙찰받았다는 얘기를 듣고 일단 축하해주기는 했는데 해당 물건 분석을 해보니 약간 이상한 점이 발견되었다.

경매정보지를 찬찬히 살펴보니, 건물관리단에서 불과 320여만 원의 미납관리비를 이유로 강제경매를 친 사건이었다. 이럴 경우 김 여사님이 낙찰받아도 이후 채무자의 신청으로 경매취소 가능성이 우려되었다.

물건번호	기일	기일종류	기일장소	최저매각가격	기일결과
1	2014-12-23 10:00	매각기일	101호 입찰법정	260,000,000	유찰
1	2015-01-28 10:00	매각기일	101호 입찰법정	182,000,000	변경
1	2015-03-04 10:00	매각기일	101호 입찰법정	182,000,000	유찰
1	2015-04-08 10:00	매각기일	101호 입찰법정	127,400,000	매각 (153,559,000원)
1	2015-04-15 14:00	매각결정기일	101호 입찰법정	0	최고가매각허가결정

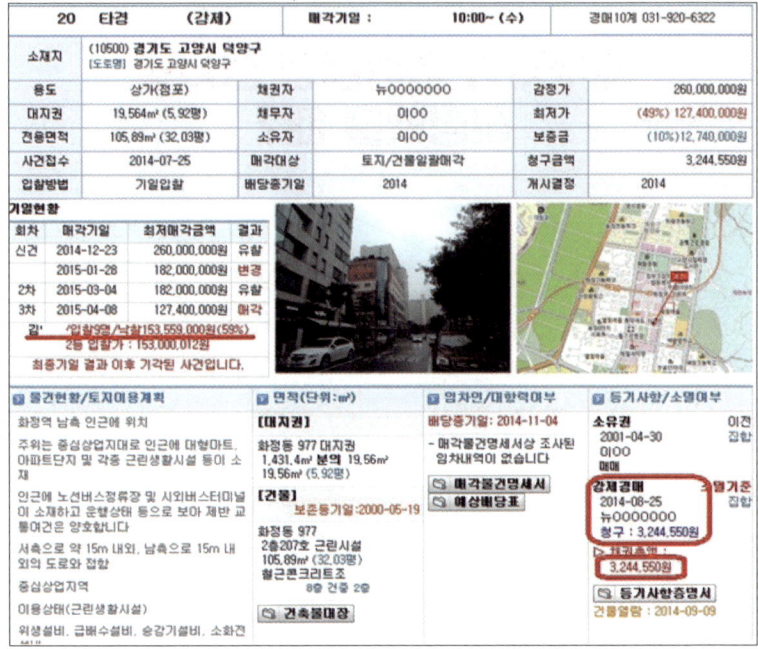

아니나 다를까, 낙찰 후 1주일여 뒤 매각허가결정은 났는데, 며칠 후 바로 채무자로부터 동 건에 대한 매각결정기일 연기신청서가 제출되었고, 3일 후에는 집행정지신청서가 제출되었다.

해당 물건이 이미 제삼자인 김 여사님에게 낙찰되었기에, 채무자는 해당 물건의 매각을 정지시키려면 최대한 빨리 서둘러야 한다. 만약 낙찰자가 매각허가결정이 확정된 이후 잔금까지 치르게 된다면, 채무자는 낙찰자 동의를 받거나 아니면 소송절차를 밟아야 한다.

자세히 보면 이 사건의 경우, 채무자는 불과 300여만 원에 불과한 관리비 연체로 2억 원대 상가를 날릴 위기에 처한 것이다. 채무자가 진작에 강제경매를 친 건물관리소와 빨리 합의하고 미납된 관리비와 연체이자 등을 완납했더라면 수백만 원이 드는 경매 비용이나 집행정지신청 등 법무 비용을 줄일 수 있었을 것이다.

호미로 막을 일을 가래로 막은 격이다.

TIP | 경매취하, 경매취소, 기각

◆ 경매취하란 경매를 신청한 채권자가 경매신청을 철회하는 것을 말한다. 즉 채권자가 채무자와의 채무변제에 대한 합의, 담보제공, 사정변경 등 이유로 이미 진행 중인 경매 절차의 집행을 철회하는 의사표시이다. 채권자는 경매낙찰 이전에는 누구의 동의도 없이 단독으로 취하할 수 있다. 그러나 경매낙찰 이후에는 낙찰자의 동의가 있어야 한다.

◆ 경매취소란 채무자가 민사집행법에 따른 소송을 통해 경매 절차를 취소하는 것을 말한다. 채무자는 경매취하의 권한이 없어 경매진행을 중단하기 위해서는 채무를 변제한 후 민사소송 절차를 통해 경매를 취소시켜야 한다.
이때 임의경매와 강제경매에 따라 경매취소 방법이 다르다.
1) 임의경매 시
- 채무자가 경매신청자와 합의가 된 경우: ① 채무변제 → ② 담보권 등기말소 → ③ 법원에 경매개시결정 이의신청서 제출 → ④ 경매법원은 경매를 정지시키고 경매개시결정을 취소시킴
- 경매신청자와 합의가 안 될 경우: ① 채무변제 → ② 담보권 등기말소 청구 소송 → ③ 법원에 경매 절차정지 신청 → ④ 담보권 등기말소 승소확정
2) 강제경매 시
- 경매 낙찰 전: 경매신청자와 합의가 되면 재판청구 없이 경매취소 가능
- 경매 낙찰 후
  ① 낙찰자 동의 시: 판결 및 등기말소 신청 → 말소된 등기부등본을 첨부, 법원에 경매개시결정 이의신청서 제출 → 경매법원은 경매취소
  ② 낙찰자 미동의 시: 채무금 변제와 함께 강제경매취소신청 정식재판을 청구(시간과 비용이 많이 소요)

◆ 경매기각은 경매가 계속돼도 경매신청자가 배당을 받을 가능성이 없어지면 경매진행의 의미가 없어 법원이 직권으로 기각처리하는 것을 의미한다.

TIP | 입찰보증금이 몰수되면 누가 가져갈까?

경매낙찰자가 잔금을 미납해 입찰보증금이 몰수된다면 그 수익은 어디로 갈까? 법원이 가져갈까? 아니면 국고로 귀속될까? 정답은 둘 다 아니다. 몰수된 보증금은 배당재단, 즉 강제 혹은 임의경매를 신청한 채권자를 비롯해 선후순위 채권자들에게 돌아간다. 경매낙찰자가 여러 가지 사정으로 잔금을 미납하면 보증금은 일단 법원이 보관하고 해당 물건은 다시 경매로 진행된다. 이 경우 입찰가격은 낮추지 않고 전 회차와 동일한 가격으로 진행한다. 대신 경매 재매각 진행 시 입찰보증금은 20%로 늘어난다. 이러한 물건이 최종 낙찰되면 배당기일 날 기존에 몰수된 보증금 등은 경매를 신청한 채권자를 비롯한 배당재단에 순위대로 배당된다.

	민사집행법 제147조(배당할 금액 등)
1	매각대금
2	대금지급기한이 지난 뒤부터 대금의 지급, 충당까지의 지연이자
3	채무자, 소유자가 제공한 항고의 보증
4	채무자, 소유자 외의 항고인이 제공한 보증가운데 항고인이 돌려줄 것을 요구하지 못하는 금액 또는 항고인이 낸 금액
5	경매 절차의 매수인이 돌려줄 것을 요구할 수 없는 보증(보증이 금전 외의 방법으로 제공되어 있는 때에는 보증을 현금화하여 그 대금에서 비용을 뺀 금액)
6	위 매각대금 등에 대한 예탁이 이뤄진 날부터 배당기일까지의 사이에 생긴 이자

- 2장 -
소송

경매와 소송을 함께 공부해야 하는 이유

우리 사회에서는 많은 이가 "송사에 휘둘리면 패가망신한다."는 속담만을 맹신하며 법원에 자주 들락날락거리며 소송하는 자체를 경원시하는 분위기이다. 하지만 경매투자자에게 법을 안다는 것은 마땅히 안 봐도 될 손해를 피할 수 있는 자구책일 뿐만 아니라 특수경매물건에서 엄청난 수익률을 올릴 수 있는 수단이자 남보다 우위에 설 수 있는 지름길이다.

경매전업투자자인 필자도 처음에는 감당하기 어렵게만 느껴졌었던 유치권 등 경매 특수물건들을 낙찰받은 후 늘 도전하는 마음으로 하나씩 하나씩 소송을 통해 풀어나가니 상당한 수익률을 거둘 수 있었다.

필자가 처음 법서를 접했던 것은 30여년 전 대학교 재학시절이었다. 당시 변리사 시험을 준비하면서 처음 민법책을 접했는데 한자 위주의 딱딱한 법률용어들과 유치권·법정지상권 등 일상생활에서 익숙하지 않은 용어투성이라 무척이나 생경하게 느껴졌다. 사실 개념조차 제대로 잡히지 않아 공부하기가 만만치 않았다.

하지만 수십 년이 지나 경매투자자가 되고 보니 과거에 공부했던 유치권·법정지상권 지식이 다시 알알이 살아나며 실제 경매투자에서 황금알을 낳는 오리와 같은 역할을 하고 있음을 느끼게 된다.

경매계에서는 흔히 "유치권 3개만 해결하면 3대가 먹고 산다."는 속설이 있다. 필자의 경험상 이는 크게 틀린 말 같지 않다. 필자도 수억 원대의 유치권 소송을 벌이며 해결해 나가는 과정에서 상당한 수익을 거두고 있다. 최근 수년간은 특수물건 위주로 공략하면서 20여 차례의 지급명령·소액재판부터 시작해 관리비부존재소송·유치권부존재소송 및 배당이의소송 등을 직접 진행하며 해결해왔다.

때로는 변호사를 선임하며 대응해오는 상대의 반격에 대해 시의적절한 답변서를 통해 승소하기도 하였고, 혹은 1심에서 패한 후에도 절치부심한 끝에 2심에서 유리한 변론을 끌어내 조정까지 간 사례도 있고 어떤 경우에는 대법원까지 가서 승소한 사례도 있다.

얼마 전 필자와 같은 일반인들이 변호사 없이 변론에 나서는 '나홀로 소송'의 비율이 70% 이상이라는 기사를 본 적이 있다.

최근 우리나라도 법원 전자소송 제도가 매우 잘 되어있어 일반인들도 조금만 공부하면 누구나 충분히 간단한 소송 정도는 변호사 없이도 진행할 수 있다.

다음 장에서는 누구나 쉽게 이해할 수 있도록 민사소송이 대체 어떠한 것인지, 어떤 절차를 거쳐서 어떤 방식으로 진행되는지 간단히 살펴보고 실제 경험했던 투자사례도 소개해 보고자 한다.

법원의 체계에 대해 알아보자!

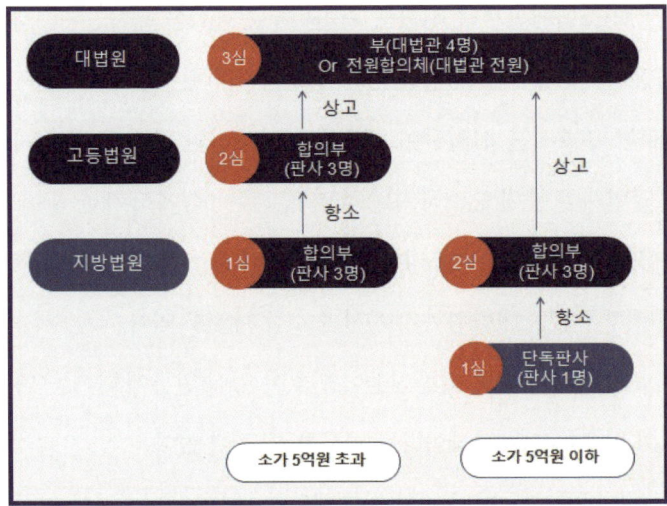

　법원에는 대법원, 고등법원, 특허법원, 지방법원, 행정법원, 가정법원, 회생법원 등 총 7가지 종류의 법원이 있다. 이 중에 지방법원 밑에는 지원이, 가정법원 밑에는 지원과 시·군 법원을 둘 수 있다.
　이 중에 경매와 관련된 업무를 처리하는 법원을 집행법원이라 한다.

즉, 집행법원이란 특정 사건에 대해 강제집행의 권한을 행사할 수 있는 법원을 말하며, 해당 부동산 소재지의 지방법원이 관할한다.

수소법원은 특정 사건의 판결절차가 현재 계속 중이거나 계속될 법원을 말한다. 판결절차 외에도 증거보전·가압류·가처분 등에 관한 직무도 수행한다.

전국 지방법원 소재지 및 관할

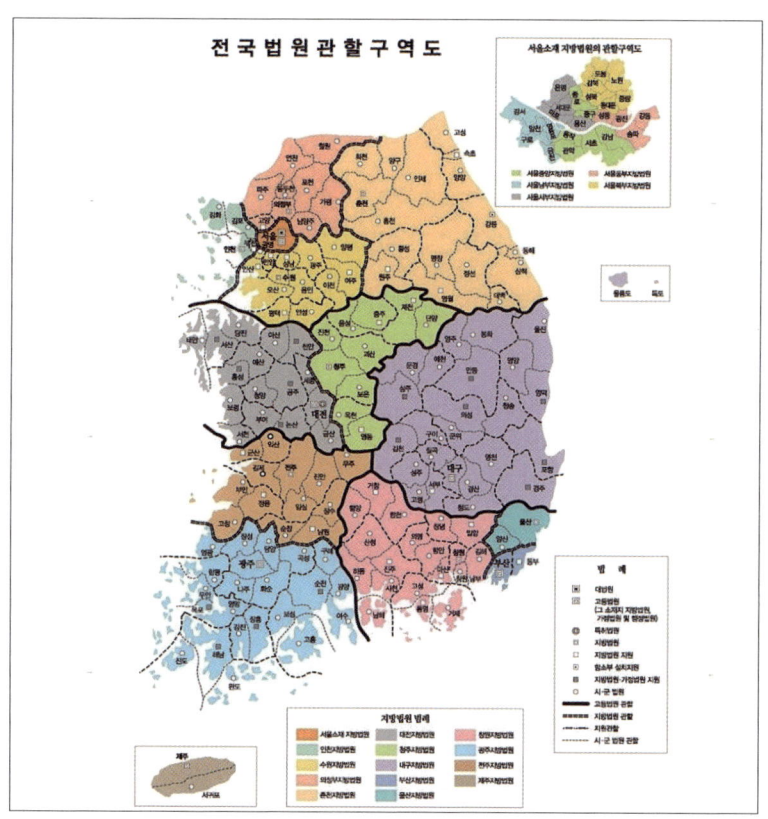

자본주의 사회에서 분쟁을 해결하는 방법은?

옛날에는 사람 사이에 분쟁이 생겼을 때 복수나 자력구제 등을 통해 문제를 해결했다. 그러나 법과 제도가 갖춰진 현대사회에서는 법원을 통해 소송을 벌이는 등 갖가지 방법으로 분쟁을 해결한다.

현대사회에서 법을 통한 분쟁 해결 방법으로 분쟁 당사자 외에 제삼자인 법원이 개입하는 소송이 있다. 또한 과다한 비용과 시간이 드는 소송의 단점을 극복하기 위해 고안된 대안적 분쟁 해결 방식도 있다.

1) 소송

소송은 크게 민사소송과 형사소송으로 나뉘며, 민사소송은 개인 간 다툼을 해결하기 위해 진행하는 소송이고, 형사소송은 범죄자에 대하여 국가가 형벌을 내리기 위해 진행하는 소송이다. 이러한 소송은 재판 절차를 모두 밟는 정식 절차와 간편한 간이 절차가 있다.

민사소송의 정식재판 절차는 원고가 법원에 소장을 제출함으로써 재판이 개시되고, 공개법정에서 원고, 피고 양 당사자가 출석한 가운데 변론절차를 거쳐 법원이 판결을 내림으로써 마무리된다.

형사소송에서는 정식재판 절차를 공판 절차라고 부르는데, 검사가 피고인의 범죄사실을 기재한 공소장을 법원에 제출함으로써 재판이 시작되고, 형사소송법이 정한 절차를 거쳐 판결이 선고되면 종결된다.

단순하고 경미한 사건에 대해서는 정식 절차대신 간이 절차가 마련되어 있는데, 민사소송에서는 소액사건심판 절차와 독촉 절차가, 형사소송에서는 약식 절차와 즉결심판 절차 등이 있다.

소액사건 심판 절차는 소송 목적물의 가액이 3,000만 원 이하의 소액 사건에 대해 빠르고 쉽게 진행할 수 있도록 하는 절차를 말한다.

독촉절차는 민사분쟁에서 "채권자에게 금전 기타의 대체물을 지급하라."는 청구에 대해 변론이나 판결 없이 곧장 지급명령 등 독촉절차와 통상의 소송절차 중 하나를 자유롭게 택할 수 있다. 단, 지급명령은 채무자가 이의를 제기하면 통상의 소송절차로 이어지게 된다.

통상 소송절차에서는 민사 형사 소송은 모두 3회에 걸쳐 재판받을 수 있기에 3심제라고 한다. 즉 1심 판결에 불복할 경우 2심에 항소할 수 있고, 2심 판결에 불복할 경우 3심에 상고할 수 있다.

---

* 1심 재판을 지방법원의 단독판사(판사 1인)가 하는 경우의 항소는 지방법원의 합의부(판사 3인)에다 해야 하며, 1심 재판을 지방법원의 합의부(판사 3명)가 하는 경우의 항소는 고등법원에 해야 함.

2) 대안적 분쟁해결 방식

일반적으로 소송은 절차가 복잡하고 비용이 많이 들고, 시일이 오래 걸린다는 단점이 있다. 이러한 문제점을 극복하기 위해 협상, 알선, 조정, 중재, 화해 등 대안적 분쟁해결 방식도 제도화되고 있다.

협상은 당사자가 직접 분쟁을 해결하는 것이며, 알선은 제삼자가 개입하여 당사자들의 합의를 주선하여 분쟁을 해결하는 것을 말한다. 중재는 당사자끼리 분쟁이 해결되지 않을 때 중립적인 제삼자의 결정에 따르기로 당사자들이 합의하고 제삼자가 중재안을 내놓는 것을 말한다. 예를 들어 국제법상의 중재, 상거래 분쟁에 대한 중재법상의 중재, 노사분규 등에 대한 노동법상의 중재 등이 있다.

'조정'은 중립적인 제삼자가 개입하여 양 당사자를 설득하고 양보하게 하는 방식으로 분쟁을 해결하는 것으로서 민사조정제도나 가사조정제도 등이 있다. '민사조정'은 민사에 관한 분쟁을 조정 절차에 따라 분쟁 당사자의 자율적 분쟁해결 노력을 존중하면서 적정, 공정, 신속, 효율적으로 해결하기 위한 제도를 말하는데, 소송에 비해 인지대가 1/10로 저렴하고, 신속한 해결이 가능하다는 장점이 있다. 분쟁 당사자가 법원에 조정을 신청하면, 빠른 시일에 조정기일이 정해지고, 대부분 한 번의 기일 출석으로 종료된다. 이러한 조정이 성립한 경우 '재판상의 화해'와 동일한 효력이 있다.

'제소 전 화해'는 민사소송을 제기하기 전에 판사 앞에서 화해 신청을 하여 민사에 대한 다툼을 미리 해결하는 절차를 말하며, 화해가 성

립하여 조서가 작성된 때에는 확정판결과 동일한 효력이 생긴다.

민사소송의 종류는?

민사소송의 종류에는 크게 3가지가 있다.

이행의 소	• '원고가 피고에게 —할 것(급부)을 요구한다'고 하는 소송을 말함. 법원은 '피고는 원고에게 ~(급부)를 지급하라'와 같이 급부를 명하는 형식의 판결을 하는 것이 보통이며 이를 급부판결이라고 한다. • 이행판결은 확인판결이나 형성판결과는 다르게 이행 의무의 존재에 대한 기판력 외에 집행력을 가진다. • ① 건물명도 청구소송 ② 소유권이전등기 청구소송 ③ 손해배상 청구소송 ④ 부당이득반환 청구소송 ⑤ 임차보증금반환 청구소송
확인의 소	• 권리, 법률관계의 존재·부존재의 확정을 요구하는 소송을 말한다. 적극적 확인의 소, 소극적 확인의 소, 중간 확인의 소 등으로 구분 • 법원의 확인판결은 형성판결, 이행판결에 대하여 기존의 법률관계의 존부를 확정하는 것을 유일의 목적으로 하며 기판력을 가지며, 강제 집행을 할 수 없는 특징이 있다. • ① 채무부존재확인소송 ② 임차권확인소송 ③ 해고무효확인소송

형성의 소	• 법률관계의 변동을 요구하는 소송을 말한다. 법원의 판결은 직접적인 권리 또는 법률관계의 발생, 변동 및 소멸 등 새로운 법률관계 형성을 내용으로 하기에 '창설판결' 또는 '권리변경판결'이라고도 한다. • 원고와 피고는 이혼한다'라는 판결이 확정되면 지금까지 부부였던 원고와 피고 간에는 이혼이라는 효과가 형성되는 효과가 나타나는 소송 • 1)사해행위 취소 등 청구소송 2)공유물 분할 청구소송 3)혼인무효소송

TIP | 알아두면 유익한 법률용어들

지급명령	금전, 그 밖에 대체물(代替物)이나 유가증권의 일정한 수량의 지급을 목적으로 채권자가 법원에 신청하면 채무자를 신문하지 않고 채무자에게 그 지급을 명하는 간이·신속한 재판절차로서 독촉절차라고도 함.
소액심판	소송가액이 3,000만 원을 초과하지 않는 제1심 민사사건을 일반 민사사건보다 훨씬 신속하고 간편한 절차에 따라 심판, 처리하는 제도
이행권고 결정	소액심판의 신청이 있는 경우 법원이 결정으로 소장부본이나 제소 조서 등본을 첨부해 피고에게 청구취지대로 이행할 것을 권고하는 결정
조정	민사 분쟁의 당사자가 법원에 조정을 신청하면 개시되며 법원의 판결에 의하지 않고 판사나 조정위원회의 권유에 따라 당사자의 합의로서 분쟁을 해결하는 절차
화해	당사자가 서로 양보하여 분쟁을 끝낼 것을 약정하는 계약
제소 전 화해	민사상 다툼에 대해 당사자가 청구의 취지·원인과 다투는 사정을 밝혀 상대방의 보통재판적이 있는 곳의 지방법원에 신청하는 것
소송 중 화해	소송진행 중 화해가 이루어지는 것

경매의 시작 - '빚과 차용증'

자본주의 사회에서 빚이란? 그리고 차용증의 의미는?

빚이 소액일 때는 단순한 빚에 불과하고 채무자에게는 아무 보증이 되지 않는다. 하지만 빚이 늘어나면 사정이 달라진다. 채무자가 빚을 많이 지게 되면 거꾸로 보증을 얻은 것과 마찬가지의 효과가 있다. 많은 빚은 채무자에게 골칫거리가 되기보다 오히려 채권자에게 골칫거리가 된다. 채권자가 포기하기에는 액수가 너무 많을 경우 채권자는 채무자가 파산하지 않도록 계속해서 지원할 수밖에 없다.

현대 자본주의 사회에서 돈을 빌려주고 빌리고 또 떼이는 일은 비일비재하다. 그러므로 다른 사람에게 돈을 빌려줄 때는 반드시 차용증을 주고받아야 한다. 아무리 가까운 사이라도 차용증도 없이 돈거래 했다가는 나중에 상대방이 잡아뗄 경우 아무런 대책이 없다!

차용증이란 금전이나 물품을 빌릴 때 채권자와 채무자 간에 작성하는 문서다. 그러나 민사사건에서 차용금의 법적 효력은 10년간이다. 상대방 즉, 채무자가 빚을 갚지 않을 때 차용증 자체만으로는 집행효력이 없다(물론 공증을 받아두면 재판 없이 상대방 재산을 압류할 집행효력을 갖는다). 차용증 자체로는 집행력이 없기에 민사소송(지급명령 또는 소액재판)을 진행해 판결문을 받아두어야 한다. 승소 판결문을 받게 되면 이 서류로 상대방 재산에 대해 강제경매를 치거나 통장, 월급 등에 대해서 가압류 신청을 함으로써 돈을 갚도록 경제적으로 압박할 수 있다.

차용증은 가능하면 간단히 작성하면 된다. 혹시 훗날 재판까지 갈 것에 대비해 반드시 상대방의 자필 사인까지 받아두면 더욱 좋다.

TIP | 차용증 작성하는 요령은?

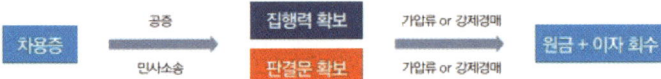

차용증 작성 시에는 인감도장과 인감증명서를 받아야 한다. 도장보다는 서명이 낫다.

차 용 증

채권자 성명: (주민등록번호   )
　　　　주소:
　　　　연락처:

채무자 성명: (주민등록번호   )
　　　　주소:
　　　　연락처:

채권자와 채무자는 아래에서 정한 차용금, 변제기, 이자의 조건으로 금원을 차용하고 대여하였으며, 아래에 정한 변제기에 채무자는 아래에서 정한 원리금을 변제할 것을 약정한다.

　차용금 : 금 00000만원
　변제기:
　이율: 연   %

위 계약을 확실히 하기 위하여 이 증서를 작성하고 기명날인한다
　　　　　　　　　20 년   월   일

　　　　　　　　　　　　　　채 권 자   (인)
　　　　　　　　　　　　　　채 무 자   (인)

상대방이 빚을 갚지 않을 때 어떻게 해야 할까?

채무자가 빚을 갚지 않을 때 채권자가 폭력을 써서 강제로 채무자의 재산을 뺏을 수는 없다. 법치주의 국가에 사는 우리는 먼저 법원에 소송을 제기하여 승소판결을 받은 후에 집행기관에 신청을 해야 한다.

그러나 이러한 과정에서 채무자가 값나가는 물건들은 미리 팔아둘 가능성이 있으므로 채무자 물건에 가압류 딱지를 붙이는 등의 조치를 한 후에 강제로 경매를 쳐서 못 받은 돈을 전액 보전받는 것이다.

이와 같이 법적 판결에 근거해 채권자의 신청으로 국가권력을 이용해 채무자의 재산에 집행하는 절차가 바로 강제집행 절차이다.

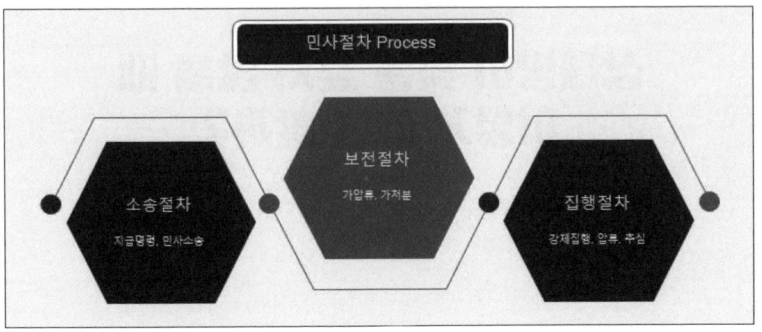

소송 착수 전 →
내용증명부터 보내기!

내용증명이란 어떤 내용의 문서를 상대방에게 발송했다는 사실을 우체국에서 공적으로 증명하는 우편제도를 말한다. 통상적으로 내용증명은 문서의 내용을 증거로 남길 필요가 있을 경우나 채무자 또는 점유자에 대해 본인의 의사를 정확히 설명해주고 심리적으로 압박하는 등 여러 가지 목적으로 이용한다. 단 내용증명을 보냈다고 해서 어떠한 법적 효력이 발생하는 것은 아니다.

내용증명은 3부(발신자, 수신자, 우체국 용)를 작성한다. 내용증명을 발송하려면 ① 우체국에 방문하거나 ② 24시간 인터넷우체국을 통해 가능하다. 우체국은 문서를 3년간 보존하고, 문서조회 및 재증명이 가능하며, 내용증명을 보내면서 배달증명을 신청하면 상대방이 언제 받았는지도 확인해준다.

내용증명을 잘 쓰는 방법은 딱히 없다. 먼저 내용증명의 제목을 정하고 발신자와 수신자의 성명 및 주소와 연락처를 정확히 적으면 된다. 내용증명의 제목은 '통고서', '통지서', '최고서' 등 목적이 잘 들어가

> **내용증명에 포함할 사항**
>
> - 이름, 주소, 전화번호 등 신상을 알 수 있는 구체적 정보
> - 작성일자
> - 세부 금전거래 또는 명도 고지 등에 대한 내용
> - 발신인 날인
> - 답변 기한(상대방을 압박하는 효과)

도록 정하면 된다.

내용증명을 쓸 때는 상대방에게 통지할 내용이 정확히 전달될 수 있도록 간결하고 명확하게 작성하면 된다. 내용증명 단계에서는 소장에 들어가는 내용을 미주알고주알 모두 쓸 필요는 없다. 상대방에게 심리적 압박감을 주고 본인이 원하는 방향대로 이행할 것을 촉구토록 함이 목표이기에 사실과 무관한 내용을 장황하게 늘어놓을 필요는 없다. 실제 소송단계에서 상대방이 내용증명의 잘못된 내용을 토대로 역공할 우려가 있기 때문이다.

TIP | 인터넷으로 내용증명 보내는 방법

1. 인터넷우체국 홈페이지에 접속한다.

'인터넷우체국' 도메인 주소: www.epost.go.kr

2. 회원 로그인한 후에 우편 → 증명 서비스 → 내용증명을 클릭한다.

3. 배달증명을 신청하면 우편물이 수신자에게 제대로 수신되었는지 여부를 통지받기에 편리하다. 비용은 약간 더 들어 1,950원 정도 한다.

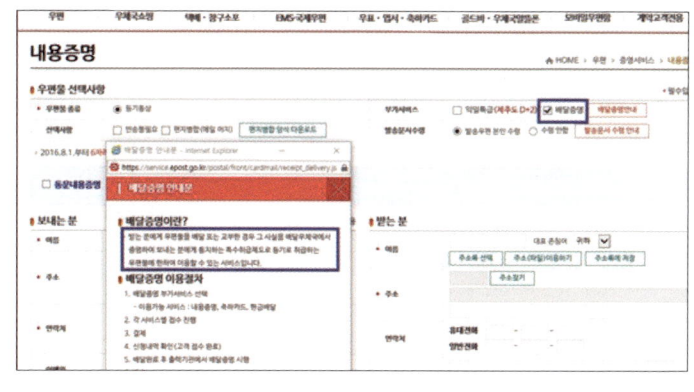

소송

4. 보내는 분, 받는 분 주소를 작성한 후에 본문을 작성한다.

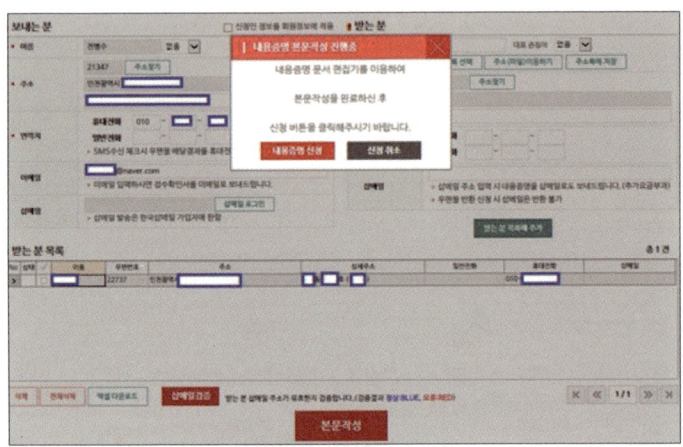

5. 본문은 미리 작성해둔 파일문서를 첨부할 수도 있고 직접 작성해도 된다.

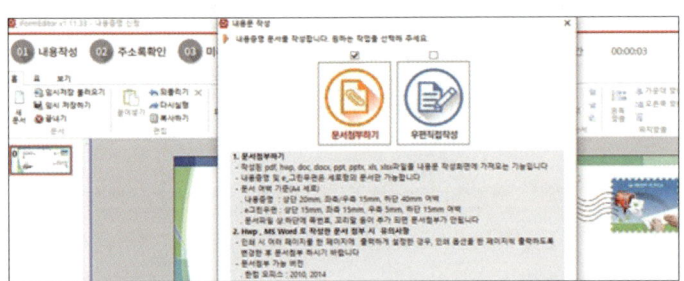

6. 본문 작성이 완료되면 신청 버튼을 누르고 결제를 하면 모든 게 완료된다.
  * 혹시 모르니, 반드시 우측 상단의 '나의 정보'에 들어가서 내용증명 발송이 제대로 되었는지를 확인해 보도록 하자.

내용증명 양식 1) 대여금 변제 최고

내 용 증 명

발 신 인 ○ ○ ○
　　　　　주 소

수 신 인 ○ ○ ○
　　　　　주 소

대여금 변제 최고

1. 귀하의 무궁한 발전을 기원합니다.

2. 본인은 2022. 3. 10. 귀하에게 ○○○○ 사유로 금 ○○○○만원을 연 18% 이율로 대여해주었고, 당시 귀하는 2024.3.10.까지 틀림없이 원금과 이자를 모두 변제해준다"고 하여 위 금원을 대여해 준 적이 있습니다.

3. 그러나 본인이 변제기한인 2024.3.10.도과 후 귀하에게 수차에 걸쳐 대여금 반환을 요구하였으나 귀하는 현재까지 이런저런 이유로 대여금의 반환을 미루고 있습니다.

4. 이에 귀하에게 대여금 금 ○○○원을 2025. 3. 10.까지 반환하여 줄 것을 최고하며, 만약 귀하께서 이행치 아니할시 부득이 법적인 조치를 취할 수 밖에 없음을 통지하니 양지하시기 바랍니다.

2025. 3. ○.
위 발신인 　○○○

집행권원 만들기 1탄 - 지급명령

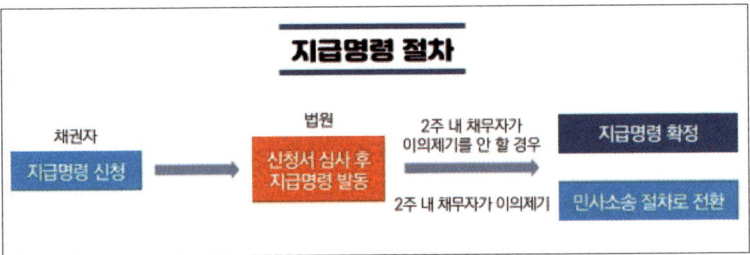

지급명령은 금전 지급 등을 목적으로 하는 사건에 관하여 채무자가 이의 제기하지 않을 것으로 예상될 때 소액재판 등 통상의 판결절차보다 신속 간편하게 집행권원을 얻게 하는 절차로서 일명 '독촉절차'라고도 말한다.

　지급명령은 법원의 분쟁해결절차 중에 비교적 간단해 시간이 오래 걸리지 않고 민사소송에 비해 비용도 훨씬 저렴하고, 당사자가 법정에 출석하지 않고 서면으로만 심리할 수 있어 매우 편리한 절차다. 물론 채무자가 지급명령 송달을 받은 후에 이의신청을 할 경우에는 다시 민사소송을 해야 하는 번거로움이 생길 여지도 있으니 상대방이 이의를 제기하지 않을 것으로 예상될 때 하는 것이 좋다.

필자의 경우에는 일단 지급명령부터 신청한다. 상대방이 법에 무지해 송달을 받고도 2주 이내에 대응을 하지 않아 그대로 승소 확정이 될 가능성도 있고, 전자소송으로 신청 시 비용과 시간이 절감되기 때문이다. 설령 상대방이 이의신청해 소송으로 전환하더라도 지급명령 내용을 약간 바꿔서 소장양식으로 전환해 작성하면 된다.

결론적으로 지급명령은 간소화된 민사소송절차로서 금전, 그밖에 대체물이나 유가증권의 일정한 수량의 지급을 목적으로 하는 채권자의 청구에 대해 이유가 있다고 인정되면 변론을 거치지 않고 채무자에게 지급을 명하는 간이·신속한 재판절차를 말한다.

다만, 지급명령의 단점은

▶ 채무자에게 송달이 안 될 경우 민사소송을 진행해야 한다.

▶ 채무자가 2주 내 이의신청 시에도 민사소송을 진행해야 한다.

| TIP | 전자로 지급명령 신청하기 |

대법원 전자소송을 이용하면 법원 방문 없이 서류를 제출할 수 있고, 법원의 발송서류들도 바로바로 확인이 가능해 편리하다.

지급명령 프로세스 한눈에 살펴보기

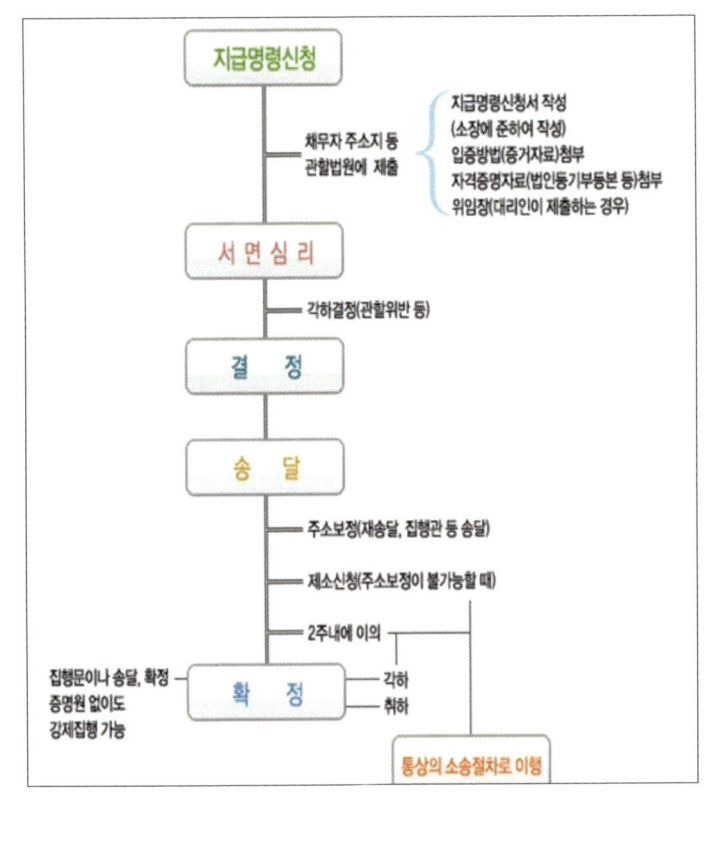

1. 네이버에서 '대법원 전자소송'으로 검색, '전자소송포털'에 접속

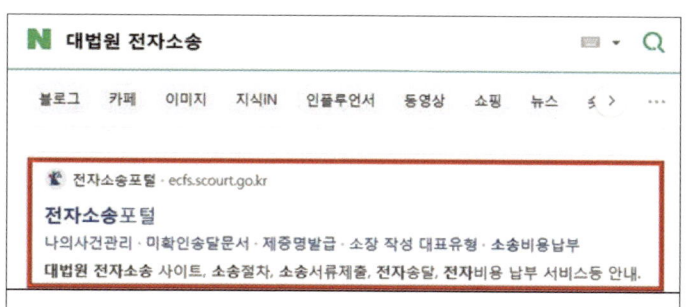

2. 전자소송포털 → 서류제출 클릭 → 지급명령 신청 클릭

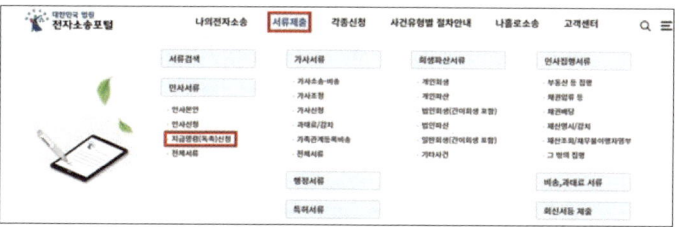

3. 전자소송 진행 동의에 체크 → 당사자 작성 클릭

4. 1단계 문서작성 → 사건기본정보(사건명, 소가, 청구금액) 기재 → 제출법원 선택

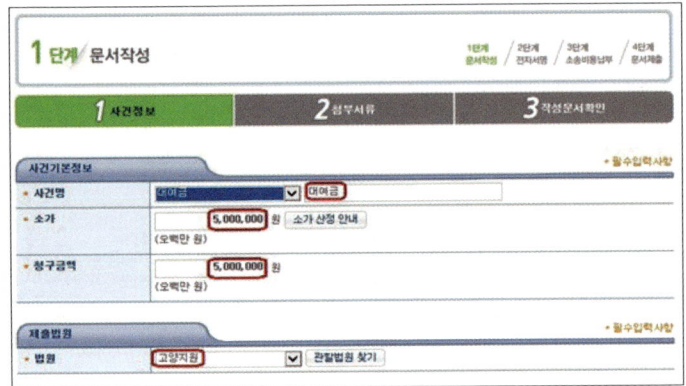

※ 제출법원은 피고의 주소지 관할법원이 원칙이나, 금전 지급을 구하는 경우 원고의 주소지 관할법원도 가능하기에 본인 소재지 관할법원이 유리

5. 당사자를 입력하고 청구취지를 작성한다.

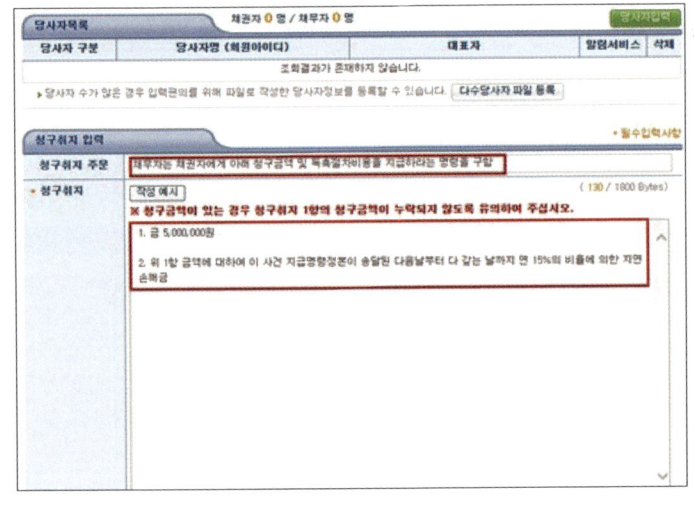

6. 청구원인을 작성한다.

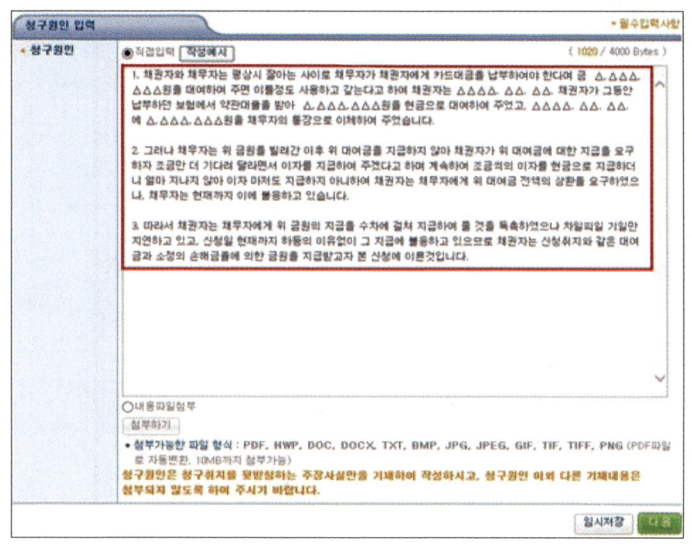

7. 계약서 등 첨부서류가 있으면 파일 첨부

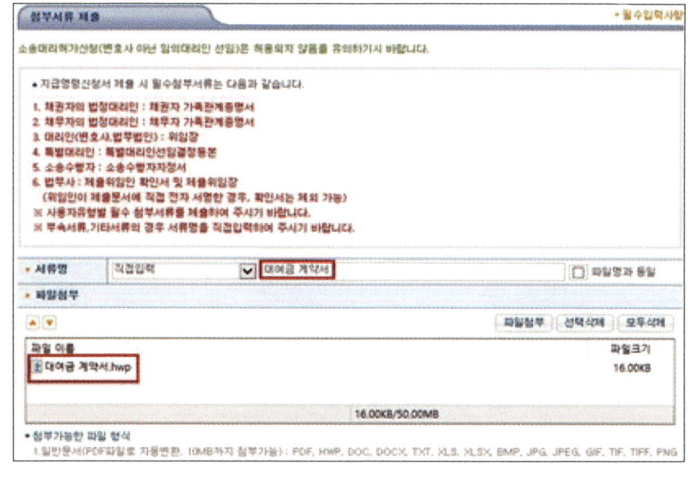

8. 지급명령신청서 내용과 첨부서류를 꼼꼼하게 다시 확인

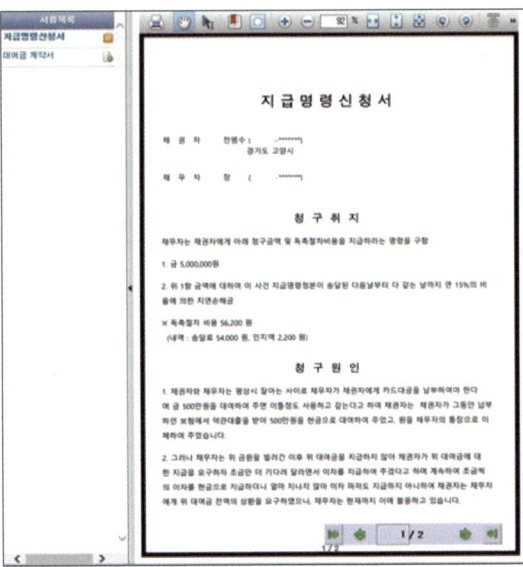

9. 지급명령신청서와 대여금계약서 등 첨부서류 확인 후 전자서명 클릭 → 3단계 소송비용 납부 → 4단계 문서제출까지 클릭하면 신청서 제출이 완료되고, 곧바로 사건번호가 부여된다.

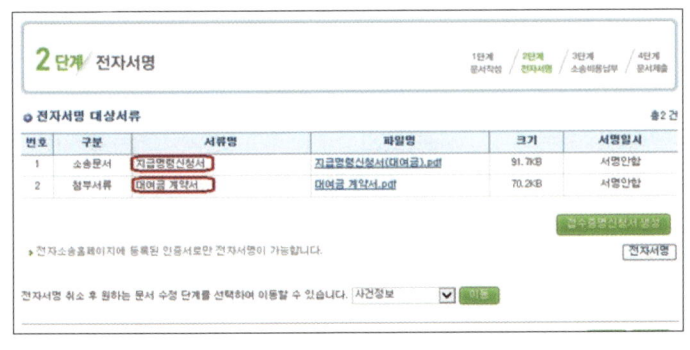

TIP | 채무자가 지급명령에 대해 이의신청하는 방법

역으로 채무자가 채권자의 지급명령에 대해 이의가 있을 때는 아래 양식의 이의신청서를 법원에 제출하면 된다. 만약 채무자가 늦게 대응해 2주가 경과하면 지급명령이 그대로 확정되어 버리기 때문에 채무자는 서둘러서 다음과 같은 양식의 신청서를 제출해야 한다. 채무자의 이의신청이 들어올 경우, 채권자는 지급명령 신청을 철회하고 민사소송절차로 전환해 처음부터 다시 진행해야 한다.

지급명령에 대한 이의신청서

사 건 20 차
채 권 자 (이 름)
채 무 자 (이 름)
　　　　 (주 소)

위 독촉사건에 관하여 채무자는 20 . . 지급명령정본을 송달받았으나 이에 불복하여 이의신청을 합니다.

20 . .

이의신청인(채무자)　　　(날인 또는 서명)
(연락처　　　　　　　　　　　　)

지방법원 귀중

◇ 유 의 사 항 ◇

1. 채무자는 연락처란에 언제든지 연락 가능한 전화번호나 휴대전화번호(팩스번호, 이메일 주소 등도 포함)를 기재하기 바랍니다.
2. 채무자는 지급명령 정본을 송달받은 날로부터 2주 이내에 이의신청서를 제출하는 것과 별도로 지급명령의 신청원인에 대한 구체적인 진술을 적은 답변서를 함께 제출하거나 늦어도 지급명령 정본을 송달받은 날부터 30일 이내에 제출하여야 합니다.

집행권원 만들기 2탄 - 민사소송

민사소송은 시간과 비용이 많이 들기에 소액재판제도를 이용하면 편리하다. 소액재판제도는 청구액이 3,000만 원 이하의 사건을 지칭하며, '소액사건심판법'이 적용되어 신속하게 진행된다.

▶ 소액사건은 소장접수부터 1심 판결까지 1~2개월 정도 소요

▶ 단독사건과 합의사건은 1심 판결까지 6개월 이상 소요

▶ 단, 소가가 3천만 원 이하라도 집이나 토지 등 부동산의 명도를 구하는 사건은 소액사건이 아니라 단독사건에 해당

구분	청구금액	특징	법원
소액사건	3천만원 이하	✓ 판사가 판결문에 이유를 적지않아도 되기때문에 비교적 신속함	2심: 지방법원
민사단독	3천만원 초과 5억원 이하	✓ 소액사건처럼 간단하고도 신속하게 처리할 수는 없으나 금액이 저렴한 편임	2심: 지방법원
민사합의	5억원 초과	✓ 판사 3명이 합의부를 구성하여 합의를 통해 판결을 내리도록 함	1심: 지방법원 2심: 고등법원

* 합의부는 3명의 판사(부장판사 1인과 배석판사 2인)로 구성

TIP | 소장 작성법에 대해 알아보자!

소송절차 한눈에 살펴보기

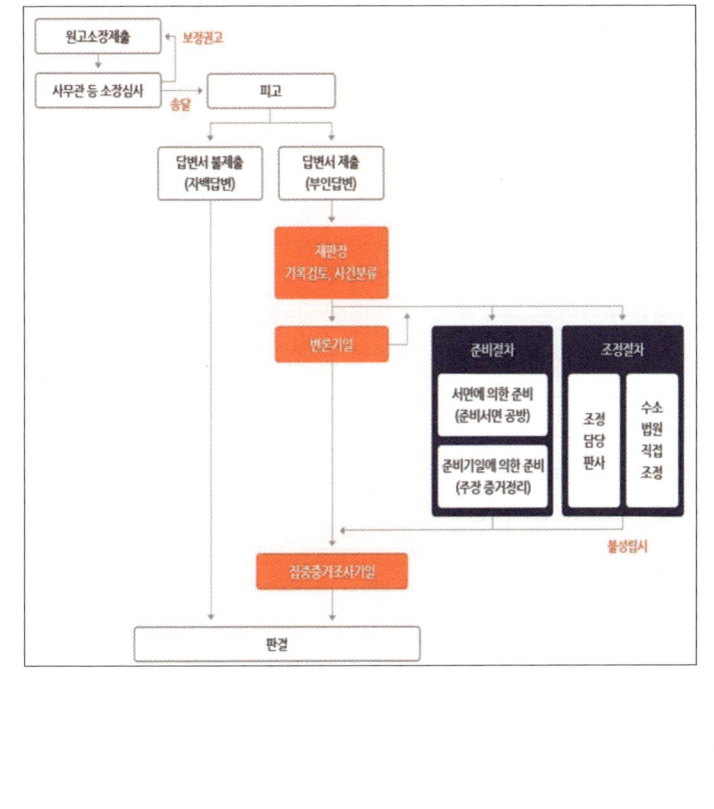

가. 대여금 반환청구와 관련된 소장을 작성해 보자!

【 예시: 대여금 청구 소송 】

소 장

원 고 ○○○
      경기 ○○시 ○○구 ○○○-○○
      전화(휴대폰)번호
      팩스번호 (02)
      우편번호

피 고 △△△
      서울 서초구 서초동 1700-1
      우편번호 137-735

대여금 청구의 소(이자약정이 없는 경우)

청 구 취 지

1. 피고는 원고에게 돈 1,000,000원 및 이에 대한 소장부본 송달다음날부터 갚을 때까지 연 12%의 비율에 의한 돈을 지급하라.
2. 소송비용은 피고의 부담으로 한다.
3. 제 1항은 가집행할 수 있다.
   라는 판결을 구합니다.

청 구 원 인

피고는 2020. 9. 30 원고에게서 1,000,000원을 차용하고 2021.1. 30까지 변제하기로 약속하였으나 피고가 계속하여 약속을 이행하지 아니하므로 이 소를 제기합니다.

입 증 방 법

1. 갑제1호증 (현금차용증서)

첨 부 서 류

1. 소장부본 1통
1. 납부서 1통

                                 2000. . .
                            위 원고 ○○○ (인)
                            ○○지방법원 귀중

1. 당사자 표시

- 원고와 피고의 성명과 주민등록번호 및 주소 기재

- 법인은 약칭이 아닌 등기부등본에 나와 있는 정식명칭을 기재

- 대표자는 자격을 정확히 표시('대표이사 홍길동')

2. 주소
- 도로명주소로 표기, 번지와 우편번호 기재
- 주소를 모를 경우 "귀원의 보정명령을 통하여 보정하겠습니다." Or "사실조회 신청회신을 통하여 보정하겠습니다."라고 기재

3. 사건명
- 내가 청구하려는 사건의 종류
- Ex) 대여금 청구의 소, 소유권이전등기청구의 소 등

TIP | 소송사건명 파악하기

'서울 OO법원 2020 가소 123456 대여금'의 의미는?

서울 OO법원	2020	가소	123456	대여금
법원이름	접수년도	사건구분	진행번호	사건명

1심은 가(가소 : 민사 소액사건, 가단 : 민사 단독사건)
2심은 나(민사항소사건), 3심은 다(민사 상고사건), 지급명령은 차, 가압류·가처분은 카

4. 청구취지
- 원고가 '이 소송으로 청구하는 판결의 결론'에 해당하는 부분으로
- ① 이와 같이 판결을 해달라고 법원에 구하는 결론과
  ② 소송비용의 부담 ③ 가집행선고에 관한 사항을 기재

> 1. 피고는 원고에게 금 1,000,000원 및 이에 대하여 이 사건 소장 부본 송달일부터 다 갚는 날까지 年 12%의 비율에 의한 돈을 지급하라.
> 2. 소송비용은 피고가 부담한다.
> 3. 위 제1항은 가집행할 수 있다.
> 라는 판결을 구합니다.

※ 가집행: 판결이 확정되기 전에 1심 법원의 판결문대로 채권자가 채무자의 재산에 대하여 강제집행을 행하는 것을 말함. 가집행은 판결 확정의 지연으로 받게 될 불이익을 막기 위하여 인정함.

TIP │ 현재 법정이율은 몇 %일까?

'소송촉진법' 제3조 제1항에서는 법원이 금전채무의 전부 또는 일부의 이행을 명하는 판결을 선고할 경우, 그 소장이 채무자에게 송달된 날의 다음날부터 12%의 법정이율을 채무자가 다 갚는 날까지 부과함. 이는 소송의 지연을 방지하고 분쟁처리를 촉진하려는 것임.

법정이율은 소송촉진법이 제정된 1981년 3월에는 연 25%였다가, 2015년 10월부터는 연 15%로, 다시 2019년 6월부터는 연 12% 이율이 현재까지 적용되고 있음.

연 12%의 법정이율은 시중금리보다 매우 높은 이율이기에 만약 재판이 2~3년 이상 장기간 진행될 경우, 지연손해금이 매우 커져 원금에 육박할 수가 있다는 점을 피고는 늘 유의해야 함.

5. 청구원인

- 해당 소송에서 그 청구를 하게 된 원인을 본인만의 생각이 아닌 법적으로 정해진 요건에 따라 논리정연하게 기술하면 된다.

청구원인

1. 원고는 경기도 00시 00동 000빌딩에서 사무실을 운영하는 임대인입니다. 피고는 2015.12.2.부터 2016.12.까지 사무실 일부를 월 임차료 200만원 계약을 맺고 사용하던와중에 입주한지 4개월이 경과한 시점에서 원고에게 아무런 통보도 없이 갑자기 사무실 짐을 모두 빼고 잠적하였습니다.(갑 제 1호증 참조)

2. 현재 피고는 원고의 전화를 전혀 받고있지 않는 등 연락이 두절된 상태이며, ----------------------------------- 월세 및 부가세 8개월치 등 총 2000만원 정도가 미납된 상태입니다. (갑 제 2호증 참조)

3. 따라서 피고는 원고에게 임차료 합계 총 2000만원을 지급할 의무가 있습니다. 원고는 그 지급을 구하기 위해 이 사건 소를 제기합니다.

6. 입증 방법

- 소장에 첨부해 제출하는 증거서류를 기재
- 원고는 갑 제1호증, 갑 제2호증, 갑 제3호증 식으로
피고는 을 제1호증, 을 제2호증, 을 제3호증 식으로 제출

7. 첨부서류

- 소장에 첨부하여 제출하는 서류명과 통 수를 기재
- 대리권을 증명하는 서면(가족관계증명서, 법인등기부등본 등)

- 소장부본 1통
- 법인등기부등본 1통
- 소송 대리 및 소송위임장

8. 소장 제출 연월일 및 서명

- 소장을 법원에 접수하는 일자로 기재

9. 제출법원: 관할지 법원 선택하기

- 모든 소송사건은 원칙적으로는 피고의 주소지에 관할이 있음
- 다만 '금전지급 목적'의 소송은 원고 주소지 법원도 가능함
- 부동산에 관한 소송은 부동산 소재지 법원에도 관할이 있음

TIP │ 소송은 어느 법원에 제기하는 것이 유리할까?

예를 들어 일산에 사는 A가 부산에 사는 B에게 돈을 빌려줬는데 돈을 갚지 않을 경우 A는 과연 어느 법원에 소장을 제출해야 할까?

관할의 원칙은 '피고의 보통 재판직이 있는 곳의 법원'이지만, 만약 채무자 B의 주소지인 부산법원에 소를 제기할 경우 번거로울 것이다.

민법에서 채무변제는 갚을 장소를 따로 약속하지 않으면 채권자의 현주소에서 하도록 되어있는데 이를 '지참채무'라 한다. 즉 "돈 갚을 사람이 와서 갚으라."는 취지다. 따라서 A는 자신의 주소지를 관할하는 고양지원에 소송을 제기하는 게 훨씬 유리하다.

나. 소장의 심사 및 송달

소장이 접수되면 재판장은 소장심사를 하게 된다. 소장을 심사한 결과 아무런 흠결이 없으면 피고에게 소장 부본이 송달된다. 소장부본은 등기우편으로 피고에게 송달되는 것이 원칙이다.

소액소송의 경우에는 소장 부본 대신 '이행권고결정'이라는 결정문이 송달된다. '이행권고결정'이 송달된 경우 피고가 아무런 이의신청도 안 하고 변론기일에도 출석하지 않을 경우 그대로 원고 승소판결이 나게 된다. 이 경우 피고는 반드시 2주 내에 '이의신청서'를 제출해야 패소를 면할 수 있다.

【 소장부본 송달 】
법원이 피고에게 소장부본을 발송했으나 송달되지 않고 반송될 경우('송달불능')에는 법원은 더 이상 소송을 진행하지 않는다. 이 경우 법원은 원고에게 피고의 주소를 보정하라는 '주소보정명령'을 내린다.

→ 원고는 주민센터에 가서 법원의 '주소보정명령'을 보여주고 피고의 주민등록초본 1통을 발급받아 受訴법원 민사부(Or 종합민원실)에 주소보정서와 함께 제출하면 된다.
　* 주소보정서에는 인지나 부본을 따로 제출하지 않음

만약 주소는 그대로인데 폐문 부재거나 피고가 고의로 소장 부본을 수령치 않는 경우 송달불능이 되며 법원은 다시 보정명령을 내린다.

→ 원고는 특별송달(우편집배원이 아닌 집행관이 직접 소장부본을 피고에게 송달)을 신청하면 된다. 특별송달신청서를 작성할 때는 '주간 특별송달' Or '야간 및 공휴일 특별송달' 중 하나를 택하여 기재하고 수입인지와 함께 출장비를 예납해야 한다.

→ 특별송달을 실시해도 송달불능이 되어 보정명령이 내려올 경우 원고는 공시송달을 신청해야 한다. 공시송달을 신청하기 위해서는 상대방이 어디에 거주하는지 알 수 없다는 소명자료를 첨부해서 제출해야 한다. 공시송달은 원칙적으로 그 사유를 법원게시판에 게시한 날로부터 2주일이 경과하면 효력이 발생한다.

TIP | 송달의 종류에 대해 알아보자!

송달의 종류	
교부송달	우편송달이 송달불능되어 법원으로 반송되어 돌아온 우편물을 당사자가 법원을 방문할 때 법원사무관이 송달물을 직접 주는 것
발송송달	상대방이 우편물을 수령하든 안 하든 상관없이 법원사무관이 송달물을 우편으로 발송하는 것만으로도 송달된 것으로 보는 것. 이때 우체국접수인이 찍힌 날짜를 송달일로 간주
특별송달	우편집배원이 아닌 집행관이 직접 소장부본을 피고에게 송달하는 것. 주간 특별송달과 야간/주말 특별송달이 있는데, 주간 특별송달이 당사자의 폐문부재 등 사유로 계속 반송될 경우 야간/주말 특별송달을 실시
공시송달	우편송달이 수취인 불명, 이사 등으로 송달불능될 때, 당사자의 신청이나 법원직권으로 재판장의 명에 따라 하는 송달. 법원사무관이 송달할 서류를 보관하고 그 사유를 법원 게시판에 게시하는 방법으로 진행함. 통상적으로 최초의 공시송달은 게시한 날로부터 14일이 경과하면 송달의 효력이 생김

TIP | 소송에 필요한 비용 요점정리

용어 설명	
인지액	소송비용 중 '재판비용'의 하나로 사법수수료를 말함. 인지액은 소송목적의 값을 기준으로 산출되며 재산상 청구의 경우에는 청구금액을 기준으로, 소가를 산정할 수 없는 경우에는 일정 금액으로 산출
송달료	소송상 필요한 서류를 당사자 또는 상대방에게 송달하는 데 드는 비용. 소장제출 시 당사자의 수에 따른 계산방식에 의한 송달료를 송달료 수납은행에 낸 다음 은행으로부터 교부받은 송달료 납부서를 소장에 첨부해야 함

증인여비	증인을 세운 경우, 증인에게 지급되는 일당, 여비, 숙박료 등의 비용을 지칭. 비용은 증인을 신청한 사람이 부담하며 통상 5만 원~20만 원 정도임
감정비용	감정·통역·번역 등에 관한 특별비용은 소송비용에 포함되고 이러한 특별요금에는 감정인 등의 용역대가 외에 자료 수집비·여비 등이 포함됨.
검증비용	법관, 그 밖에 법원공무원이 법원 밖에서 증거조사를 하기 위해 필요한 여비, 숙박료의 실비액 등의 비용을 말하며 소송비용에 포함됨.

송달료 납부

소장을 제출할 때에는 당사자 수에 따른 계산방식에 의한 송달료를 송달료수납은행 (대부분 법원구내 은행)에 납부하고 그 은행으로부터 교부받은 송달료납부서를 소장에 첨부하여야 하는데 각 사건의 송달료 계산방식은 다음과 같습니다.

사건	송달료 계산법(송달료 1회분=5,100원, 2020.7.1.부터)
민사 제1심 소액사건	당사자수 X 송달료 10회분
민사 제1심 단독사건	당사자수 X 송달료 15회분
민사 제1심 합의사건	당사자수 X 송달료 15회분
민사항소사건	당사자수 X 송달료 12회분
민사 상고사건(다)	당사자수 X 송달료 8회분
민사 조정사건(머)	당사자수 X 송달료 5회분
부동산 등 경매사건(타경)	(신청서상의 이해관계인 수 + 3) X 송달료 10회분

```
            불 거 주 확 인 서

    주    소 : ○○○시 ○○○구 ○○○동 ○○○번지

    성    명 :

    주민등록번호 :

    위 사람은 위 주소지에 주민등록은 되어 있으나 현재
    거주하지 아니하고 있음을 확인합니다.

                  년    월    일

    1. 통장 : ○○○
       주소 : ○○○ ○○○
    2. 반장 : ○○○
       주소 : ○○○ ○○○

            ○○ 법원 ○○ 지원 귀중
```

◆소명자료에는 ①주민등록등본 ②불거주확인서 2가지가 있는데, 불거주확인서는 불거주자의 주소지에 직접 찾아가 통·반장에게 부탁하여 작성하면 된다.

다. 변론준비 절차(서면공방 절차)

원고가 소장을 법원에 접수하면 법원은 특별한 하자가 없는 이상 소장부본을 피고에게 송달한다. 이때 법원은 소송절차안내서를 함께 보내며 피고에게 "30일 내에 답변서를 제출하라."고 최고한다.

만일 피고가 30일 이내에 답변서를 제출하지 않으면 법원은 '의제자백'으로 보고 즉시 제1회 변론기일을 지정하며 피고가 불출석한 경우 無변론 승소판결(원고 승)을 내린다.

* 의제자백: 민사소송법에서 당사자가 상대편이 주장한 사실에 대하여 반박하지 않거나 당사자 중 한쪽이 정해진 날에 출석하지 않은 경우 그 사실을 자백한 것으로 인정.

TIP │ 소송 관련 서류 알아보기

- **준비서면**: 원고·피고 등 당사자가 변론할 때 진술하고자 하는 내용을 미리 기재하여 법원에 제출하는 서면으로서, 상대방의 서면을 송달받은 날부터 실무상 3주 이내에 제출할 것을 권장
- **답변서**: 법원으로부터 소장부본을 송달받은 피고가 작성하는 서류로 피고는 원고의 청구에 대해 응소할 의사가 있으면 소장 부본을 받은 날부터 30일 이내에 답변서를 제출해야 함.
- **갑 제0호증**: 원고가 제출하는 입증서류
- **을 제0호증**: 피고가 제출하는 입증서류
- **병 제0호증**: 당사자 참가인이 제출하는 입증서류

다만 소액사건의 경우 소가 제기되면 법원은 '이행권고결정'을 하고 피고에게 소장부본과 이행권고 결정등본을 송달한다. 피고는 이행권고 결정등본을 송달받은 그다음 날부터 14일 이내에 서면으로 이의신청을 할 수 있고 만일 하지 않으면 이행권고 결정은 확정된다.

피고가 기한 내에 답변서를 제출할 경우 법원은 답변서를 원고에게 송달하면서 '3주 이내에 반박준비서면을 제출하라'는 '변론준비명령'도 함께 보낸다. 원고가 3주 이내에 반박준비서면을 제출하면 피고 역시 3주 안에 재반박 준비서면을 법원에 제출한다.
* 준비서면은 반드시 기한 내 제출해야 하며 기한 경과 시 각하될 수 있다.

이렇게 반박과 재반박의 서면공방을 쌍방 2회씩 진행하면 서면공방 절차는 마무리된다. 서면공방 절차가 마무리되면 재판장은 제1회 재판기일을 정하게 된다.

서면공방 절차에서 중요한 것은 기일 전에 모든 증거신청이 끝나야 한다는 점이다. 증거신청 방법에는 증인신청·사실조회·시가감정·문서송부촉탁신청 등이 있는데 모두 기일 전에 신청해야 한다. 증거제출의 경우 증거자료인 영수증·각서·합의서·계약서·등기부등본 등을 모두 기일 전에 제출해야 한다.

만일 서면공방 절차 중에 피고 또는 원고가 기한 내에 서증을 첨부한 준비서면을 제출하지 않을 경우 재판부는 석명준비명령 또는 증인신청촉구서 등을 보낸다. 그럼에도 불구하고 피고 또는 원고가 준비서면을 제출하지 않으면 재판부는 증거신청이 없는 것으로 보고 변론준비절차를 종료하고 변론기일(쟁점정리기일)을 잡게 된다.

법원으로부터 상대방의 서증이 첨부된 증거서류를 송달받은 경우 이에 대한 서증인부서를 만들어 법원에 제출해야 한다.

TIP | 증거서류 관련 법률용어 요점정리

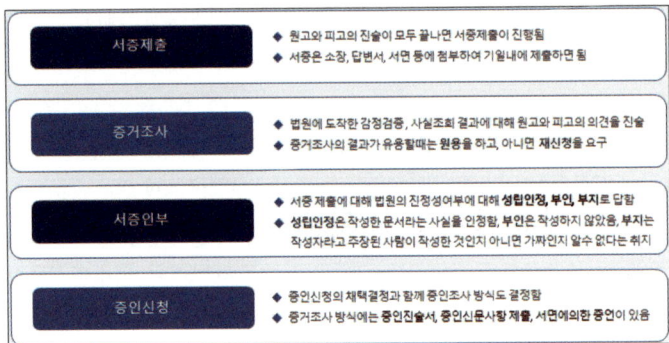

변론준비절차 중에 원고와 피고의 주장 등이 워낙 많고 복잡하여 정리할 필요가 있다고 재판장이 인정하는 경우 재판장은 변론준비기일(쟁점정리기일)을 열어 쌍방을 출석하게 할 수 있다. 이 경우 쌍방은 변론의 준비에 필요한 모든 주장과 증거를 정리하여 제출해야 한다.

실무적으로는 변론준비기일의 지정은 드물고 대부분 서면공방절차가 마무리되면 바로 변론기일이 지정된다.

라. 변론기일 지정

준비서면을 통한 공방 횟수가 쌍방 2회씩 끝나면 재판장은 변론기일을 지정한다. 변론기일이 지정되면 '변론기일소환장'이 원고와 피고에게 송달되며 양측은 2주 동안 그간 법정에 제출한 소송자료를 세밀히 검토해 두어야 한다.

변론기일에 원고는 변론석에서 '소장을 진술'하고 피고는 '답변서를 진술'하면 된다. 피고는 원고의 소장을 송달받은 후 30일 이내에 답변서를 제출해야 한다. 쌍방 진술이 끝나면 서로의 주장이 충돌하는 쟁점 심문이 이어진다. 쌍방이 변론을 다하면 판사는 2주일 이내에 판결을 선고하게 된다. 소액사건의 경우에는 변론이 끝나면 특별한 사정이 없는 한 당일 판결선고를 하게 된다.

마. 제2회 변론 준비절차

제2회 준비절차 역시 쌍방의 서면공방으로 진행된다. 새로운 사실을 주장하는 일방이 자신의 주장과 증거를 준비서면으로 법원에 제출하면 법원은 상대방에게 송달한다. 이런 방식으로 서로 2회에 걸쳐 서면공방이 진행된다. 제2회 변론 준비절차 기간 중에 새로운 증거에 대한 증인신청, 사실조회, 문서송부촉탁신청 등을 해야 한다.

제2차 변론기일에 모든 변론이 끝나고 더 이상의 주장이나 제출할 증거가 없는 경우 재판은 결심된다. 결심되면 판사는 판결선고일을 지정하여 알려준다.

바. 판결선고

판결선고일에 판사는 ①원고승소 ②원고청구기각 ③원고일부승소 중에 하나를 판결 내린다. ①원고승소 시 원고는 피고 재산에 대하여 강제집행을 할 수 있게 되고 자신의 소송비용도 확정 절차를 통해 피고에게 청구할 수 있다. ②피고가 승소한 경우에는 원고에게 소송비용 확정 절차를 통해 소송비용을 받아낼 수 있다.

TIP | 판결, 결정, 명령의 차이는?

종류	주체	내용
판결	법원	▶ 원고의 청구에 대한 법원의 재판 Ex) "피고는 원고에게 500만 원을 지급하라." Ex) '서울지방법원 2020.12.1. 선고 2020 가소 123456 판결'
결정	법원	▶ 소송절차에 대한 법원의 재판 Ex) "피고를 A에서 B로 경정해달라는 원고의 신청을 기각한다." Ex) 가압류결정, 공소장변경 허가결정, 증거신청에 대한 결정 등
명령	법관	▶ 소송절차에 대한 법관의 재판 Ex) 보정명령, 담보제공명령, 증거제출명령 등

TIP | 1심 판결에 불복할 경우 항소하는 방법

【 원고 일부 패소의 항소취지 】

1. 원판결 중 원고 패소 부분을 취소한다.
2. 피고는 원고에게 금 000원 및 이에 대하여 00년 00월 00일부터 다 갚는 날까지 연 2할의 비율에 의한 금 000원을 지급하라.
3. 소송비용은 제1, 2심 모두 피고의 부담으로 한다.
4. 제2항은 가집행할 수 있다.
   라는 판결을 구합니다.

【 피고 전부 패소의 항소취지 】

1. 원판결을 취소한다.
2. 원고의 청구를 기각한다.
3. 소송비용은 제1, 2심 모두 원고의 부담으로 한다.
   라는 판결을 구합니다.

TIP | 소송 불복이나 이의신청할 수 있는 기간은?

받은 서류명	불복·이의신청기간	제출할 서류
판결문	받은 날 기준 14일	항소장(2심), 상고장(3심)
이행권고, 지급명령	받은 날 기준 14일	이의신청서
강제조정, 화해권고	받은 날 기준 14일	이의신청서
소장	받은 날 기준 30일	답변서
결정, 명령	받은 날 기준 7일	즉시항고장

TIP | 전자로 민사소송하는 방법

다음에는 전자로 소송하는 방법에 대해 간단히 살펴보자.

1. 대법원 전자소송 홈페이지에 접속한 후 민사 서류를 클릭한다.

2. 전자소송 진행 동의에 표시한 후 당사자 작성을 클릭한다.

3. 사건명, 소가를 클릭해 본다. 대여금소송으로 진행해보겠다.

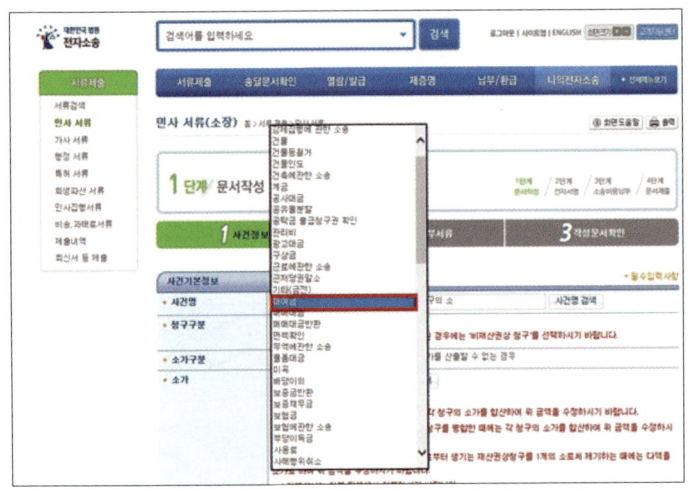

4. 소가와 제출법원을 선택한다.

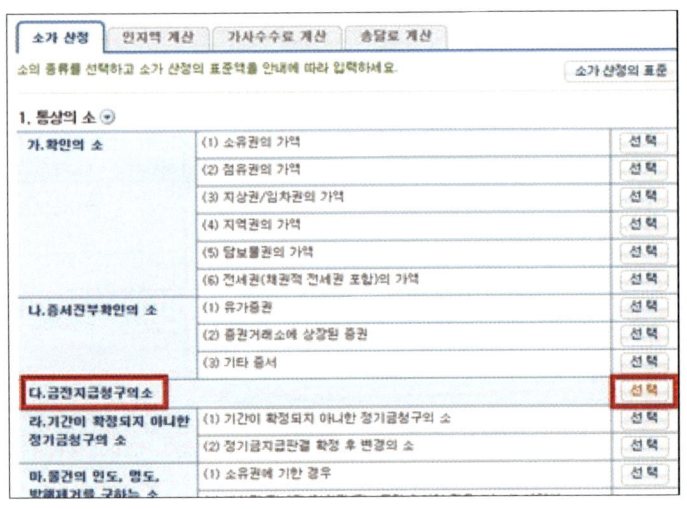

5. 청구취지를 작성한다.

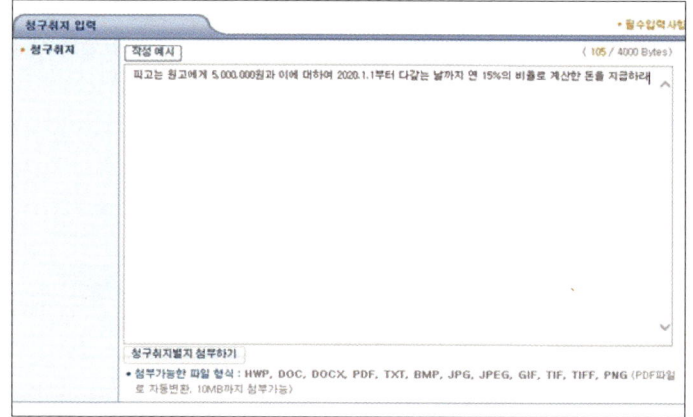

6. 청구원인을 작성한다.

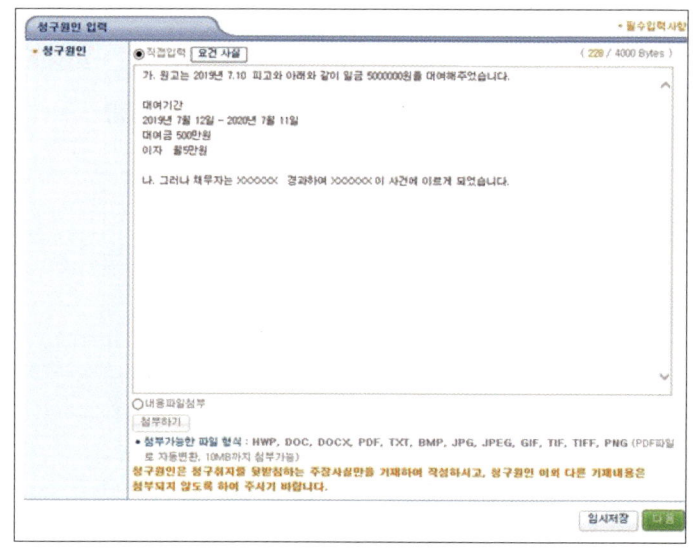

소송

7. 입증서류 및 첨부서류를 작성한다.

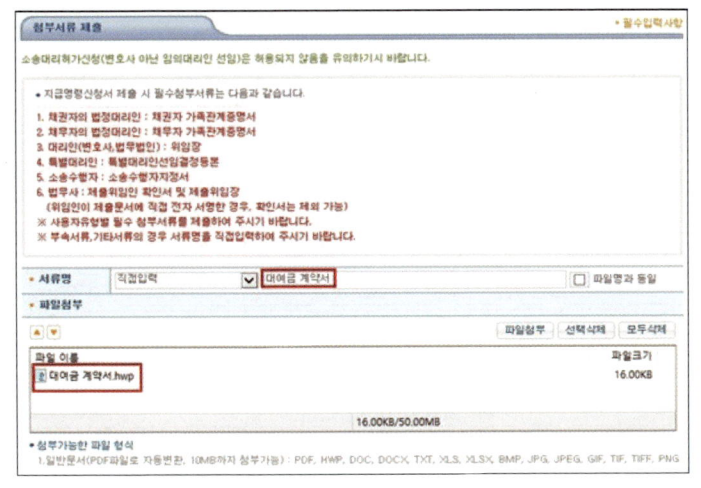

8. 소장 내용과 첨부한 서류가 정확한지 최종 확인한다.

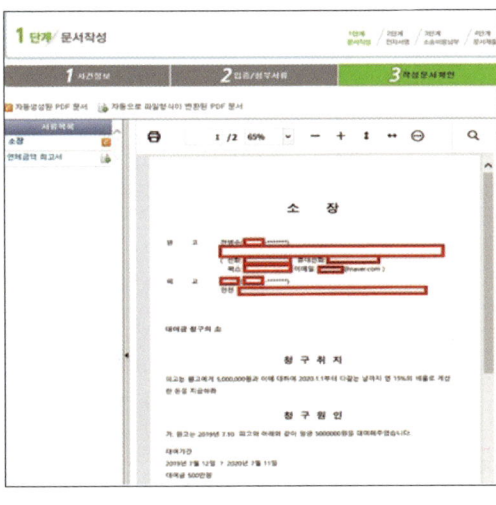

9. 전자서명을 클릭한 후 소송비용을 납부한다. 문서제출 버튼까지 클릭하면 신청서 제출이 완료되고, 곧바로 사건번호가 부여된다.

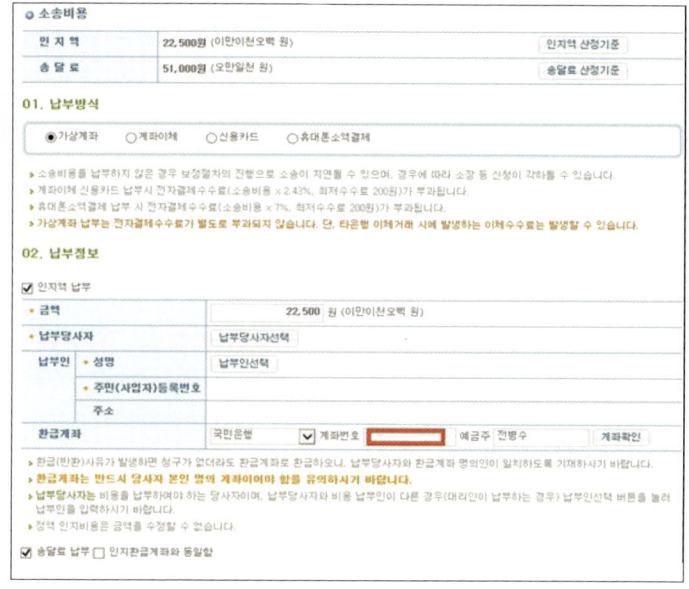

TIP | 가압류 vs 가처분 vs 가등기

가압류란 "금전채권이나 금전으로 환산할 수 있는 채권에 대하여 부동산 또는 동산에 대한 강제집행이 불가능하거나 곤란하게 될 경우를 예방하기 위하여 채무자의 재산을 압류하여 현상을 보전하고 그 변경을 금지하여 장래의 강제집행을 보전하는 절차"를 말한다.

쉽게 풀어보면, 채권자가 소송을 걸어 승소하더라도 이미 돈을 갚을 마음이 없는 악의적인 채무자가 사전에 자신 명의로 된 재산을 다른 사람 이름으로 바꾸거나 처분하지 못하도록 법원에 얘기해 미리 압류하는 절차를 말한다.

가압류와 가처분의 차이점은 ①가압류는 채무자의 재산을 확보해 금전채권을 보전하고자 하는 것인 반면, ②가처분은 금전채권 이외의 특정급여청구권을 보전하기 위하거나 다툼이 있는 권리관계에 대하여 임시의 지위를 정함을 목적으로 하는 보전절차이다. 가처분의 대표적인 예로는 ①점유이전금지가처분(특정물 점유상태의 현상 유지를 위한 것)과 ②처분금지가처분(특정물 권리 상태의 현상 유지를 위한 것) 등이 있다. 이외에 몇 년 전 휴대폰 특허권 침해 여부와 관련해 애플사가 법원에 삼성전자를 상대로 소송을 걸기 전 삼성전자의 해당 스마트폰 판매금지가처분을 미리 신청한 것도 비슷한 사례다.

보전절차로서 가압류·가처분 외에 법률용어 중 '가등기'라는 용어도 가끔 들을 것이다. 가등기는 본등기를 할 요건이 갖춰지지 못한 경우에 진짜 등기의 순위를 보전하기 위해 임시로 하는 등기를 말하는데 크게 ①소유권이전청구권가등기, ②담보가등기 두 가지가 있다.

소유권이전청구권가등기는 통상적으로 아파트 등 부동산거래를 할 때 매수인·매도인 중 일방의 사정으로 계약금·중도금 납입 이후 잔금까지 1년 이상의 상당한 시일이 요할 때 매도자의 악의적인 이중매매를 막기 위해 행하는 절차로 보면 된다. 경매 절차에서는 말소기준권리가 되는 근저당권보다 앞서는 소유권이전청구권가등기는 소멸되지 않고 낙찰자에게 인수되기에 주의를 요구한다.

반면, 담보가등기는 채권자가 채무자에게 돈을 빌려주면서 근저당권설정 대신 담보가등기를 요구해 설정해둘 수 있는 사례로서, 경매 절차에서는 설사 말소기준권리 앞에 있더라도 소멸되며 낙찰자에게 인수되지는 않는다.

보전절차	내 용		
가압류	◆ '금전채권'이나 '금전으로 환산할 수 있는 채권'의 집행을 보전할 목적으로 미리 채무자의 재산을 동결시켜 채무자로부터 그 재산에 대한 처분권을 잠정적으로 빼앗는 '집행보전제도'를 말한다.		
가처분	◆ '금전채권' 이외의 권리 또는 법률관계에 관한 확정판결의 강제집행을 보전하기 위한 '집행보전제도'를 말한다. Ex) 점유이전금지가처분, 처분금지가처분 등		
가등기	◆ 본등기를 할 요건이 갖춰지지 못한 경우에 진짜 등기의 순위를 보전하기 위해 임시로 하는 등기를 말한다. 경매 절차가 진행될 경우, 말소기준권리 앞에 있는 선순위 가등기가 '소유권이전청구권가등기'일 경우에는 낙찰자에게 인수되고, '담보가등기'인 경우에는 소멸된다.		
	소유권이전 청구권가등기	금전채권을 담보하기 위한 목적이 아닌, 장래에 부동산의 소유권을 이전받기로 약정하고 그 약정내용을 보전하기 위해 설정하는 '소유권에 관한 가등기'를 말한다.	
	담보가등기	채권자가 채무자에게 돈을 빌려주면서 근저당권설정 대신에 '담보가등기'를 요구해 설정하는 가등기를 말한다.	

- 3장 -
추심

추심하는 방법

채권자가 지급명령 또는 민사소송을 통해 승소함으로써 집행권원을 확보했을 경우, 채무자에 대한 구체적인 채권회수(강제집행)방법으로는 어떤 것이 있을까? 즉, 채권 추심을 위한 세부 절차는 어떻게 될까?

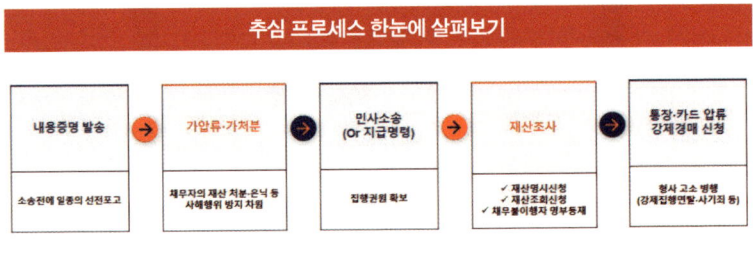

채무자가 돈을 갚지 않아 소송 등을 통해 집행권원을 확보한 채권자가 채무자에게 금전채무를 이행할 것을 압박하는 수단에는 크게 3가지가 있다.

1) 재산명시

2) 재산조회

3) 채무불이행자 명재등부

재산명시	채무자가 일정한 집행권원에 기한 금전채무를 이행하지 않을 경우 법원이 채무자에게 강제집행의 대상이 될 재산 관계를 명시한 재산목록을 제출하게 하여 이를 공개하고 그 진실성에 관하여 선서하게 하는 법적 절차를 말한다. 이때 채무자가 재산명시 신청에 제때 응하지 않을 경우(법원 불참 등) 형사처벌까지 받을 수 있기에 상당한 압박 효과가 있다.
재산조회	재산명시를 신청한 채권자의 신청에 따라 법원이 공공기관·금융기관 등에 채무자명의의 재산에 관하여 조회할 수 있도록 하는 절차를 말한다.
채무불이행자 명재등부	채무의 이행을 간접적으로 강제하기 위하여 채무를 자진하여 이행하지 아니하는 불성실한 채무자를 명부에 등재하여 일반에 공개하는 제도를 말한다.(민사집행법 70~73조 근거)

재산명시

채권자가 관할법원에 재산명시신청을 하면 법원은 채무자로 하여금 강제집행의 대상이 되는 재산과 특정 기간 내 처분한 상황을 명시한 재산목록을 작성, 제출하게 한다. 채권자는 이를 토대로 확보한 재산에 대해 통장·카드 압류나 경매를 신청해 채무를 회수할 수 있게 된다.

먼저 재산명시신청 프로세스를 한눈에 그린 후에 단계별로 살펴보자.

1단계: 관할법원에 채무자에 대한 재산명시신청서 제출

※ 재산명시신청 시 필요서류 및 소요비용
1 집행권원
2 송달·확정증명원
3 채무자 주민등록초본
4 송달료납부서 * 송달료 = 당사자수(채권자+채무자수) X 5회분
5 인지대 1,000원

재산명시신청

채권자 ○○○(주민등록번호)
       ○○시 ○○구 ○○길 ○○(우편번호)
       전화번호:

채무자 ◇◇◇(주민등록번호)
       ○○시 ○○구 ○○길 ○○(우편번호)
       전화번호:

집행권원의 표시
위 당사자간 ○○지방법원 20○○가합○○○ 손해배상 청구사건의 집행력 있는 판결정본

채무불이행금액
금 ○천 ○백만 원(위 집행권원상 채무전액)

신 청 취 지
채무자는 재산상태를 명시한 재산목록을 20○○. ○. ○.까지 제출하라 라는 명령을 구합니다.

신 청 이 유
1. 채권자는 채무자에 대하여 위와 같은 집행권원을 가지고 있는데도 채무자는 위 채무이행 및 이행제공의 의사를 보이지 않고 있습니다.
2. 이에 채권자는 부득이 강제집행을 하기 위하여 채무자의 재산을 탐색한 결과 교묘한 방법으로 재산을 감추고 있어 채무자의 재산발견이 아주 어려워 강제집행을 할 수 없는 실정이므로 이 사건 신청을 하기에 이른 것입니다.

```
          첨 부 서 류

   1. 집행력 있는 판결정본        1통
   1. 송달·확정증명원            1통
   1. 주민등록표초본(채무자)       1통
   1. 송달료납부서              1통


                    20○○. ○. ○.

                위 채권자  ○○○ (서명 또는 날인)




   ○○지방법원  귀중
```

2단계: 법원의 재산명시 결정 및 결정문 송달

법원은 채권자의 재산명시신청에 정당한 이유가 있다고 인정하면 재산 명시 결정을 내리고 그 결정문을 채권자 및 채무자에게 송달한다. 이에 대해 채무자는 결정문 송달 후 7일 이내에 이의를 제기할 수 있다.

3단계: 재산명시기일 지정

7일 이내에 채무자의 이의신청이 없을 경우, 법원은 재산명시기일을 지정한다. 재산명시기일에 채무자는 반드시 출석해서 재산목록을 제출하고 진실함을 선서해야 한다.

선서

양심에 따라 사실대로 재산목록을 작성하여 제출하였으며, 만일 숨긴 것이나 거짓 작성한 것이 있으면 처벌을 받기로 맹세합니다.
- 채무자 홍길동 -

만약 채무자가 정당한 사유 없이 ① 재산명시기일에 불출석 ② 재산명시기일에 출석하더라도 재산목록의 제출 거부 ③ 선서를 거부할 경우 법원은 채무자를 20일 이내의 감치에 처할 수 있다(민집법 68조 1항). 또한 채무자가 거짓의 재산목록을 낸 때에는 3년 이하의 징역 또는 500만 원 이하의 벌금에 처한다.

▼ 채무자가 법원에 제출해야 할 재산목록 내용(민집법 64조 2항)

① 채무자의 이름, 주소와 주민등록번호
② 강제집행의 대상이 되는 재산
③ 재산명시명령이 송달되기전 1년이내에 채무자가 한 부동산의 유상양도
④ 재산명시명령이 송달되기전 1년 이내에 채무자가 배우자, 직계혈족 및 4촌 이내의 방계혈족과 그 배우자, 배우자의 직계혈족과 형제자매에게 한 부동산 외의 재산의 유상양도
(재산목록 제출 당시의 배우자뿐만 아니라 양도처분 당시에 배우자였던 사람도 포함한다.)
⑤ 재산명시명령이 송달되기 전 2년 이내에 채무자가 한 재산상 무상처분

4단계: 보완명령

채무자가 제출한 재산목록 중 일부 내용이 불명확하거나 누락되어 있다고 판단되면 법원은 보완명령을 내린다.

5단계: 채무자 재산목록 열람·복사

채무자가 보완 제출한 재산목록에 대해 채권자는 열람·복사할 수 있다. 이를 토대로 확보된 채무자의 재산에 대해 채권자는 통장·카드 압류 및 경매 등 강제집행으로 환수할 수 있다.

재산조회신청이란?

▶ 채권자가 재산명시신청을 통해 채무자의 재산을 확인해보았으나 불충분하다고 판단될 경우 재산조회신청을 통해 추가로 조사가 가능하다.
재산조회신청이란 채권자가 채무자의 협조 없이도 법원에 신청하여 개인의 재산 및 신용에 관한 전산망을 관리하는 공공기관·금융기관 등에 채무자 명의의 재산을 조회할 수 있는 제도다.

▶ 단, 재산조회신청은 채권자가 단독으로 신청할 수 없고, 재산명시신청 절차를 먼저 진행한 이후에 재산명시절차를 진행한 법원에 신청한다. 이 경우, 채권자는 조회 대상 금융기관 중에 채무자가 보유할 것으로 추정되는 항목을 선택하고 조회에 드는 비용도 미리 내야 한다.

재 산 조 회 신 청 서

채권자	이름 :　　　　　　　주민등록번호 : 주소 : 전화번호 :　　　팩스번호:　　　이메일 주소 : 대리인 :
채무자	이름 :　　　(한자 :　　　)　주민등록번호 : 주소 :　　　　　　　　　　　(사업자등록번호)
조회대상기관 조회대상재산	별지와 같음
재산명시사건	지방법원 20 카명　　호
집행권원	
불이행 채권액	
신청취지	위 기관의 장에게 채무자 명의의 위 재산에 대하여 조회를 실시한다.
신청사유	채권자는 아래와 같은 사유가 있으므로 민사집행법 제74조 제1항의 규정에 의하여 채무자에 대한 재산조회를 신청합니다. (해당란 □에 V표시) □ 명시기일 불출석　　　　□ 재산목록 제출거부 □ 선서 거부　　　　　　　□ 거짓 재산목록 제출 □ 집행채권의 만족을 얻기에 부족함　□ 주소불명으로 인하여 명시절차를 거치지 못함
비용환급용 예금계좌	
첨부서류	
(인지 첨부란)	20 . . . 　　　신청인　　　　　　(날인 또는 서명) 　　　　　　　　　　　　　　　지방법원 귀중

채무불이행자명부 등재

채무불이행자명부는 금전채무를 일정 기간 내에 이행하지 아니한 채무자 또는 재산명시절차에서 감치 또는 벌칙에 해당하게 된 채무자의 인적 사항을 일정한 양식에 등재하고 법원에 비치하는 명부를 말한다.

이는 채무를 이행치 아니하는 불성실한 채무자의 인적 사항을 공개함으로써 명예와 신용의 훼손과 같은 불이익을 가하고, 이를 통하여 채무의 이행에 노력하게 하는 간접강제의 효과를 거둠과 아울러, 일반인으로 하여금 거래 상대방에 대한 신용조사를 용이하게 하여 거래의 안전을 도모하게 함을 목적으로 한다(대결 2010. 9. 9. 2010마779).

채권자는 채무자가 다음 두 경우 중 하나에 해당하면 그 채무자를 채무불이행자명부에 올리도록 신청할 수 있다(민집법 70조 1항).

① 금전의 지급을 명한 집행권원이 확정된 후 또는 집행권원을 작성한 후 6월 이내에 채무를 이행하지 아니하는 때. 다만, 가집행의 선고가 붙은 판결 또는 가집행의 선고가 붙어 집행력을 가지는

집행권원의 경우를 제외한다(민집법 70조 1항 1호).

② 채무자가 재산명시절차에서 재산명시기일에 불출석하거나, 재산목록의 제출 또는 선서를 거부한 때, 거짓의 재산목록을 낸 때(민집법 70조 1항 2호).

○○법원					
채무불이행자명부					
등재신청사건번호	20 카명		말소신청사건번호		20 카명
채무자	성명				
	주소				
	주민등록번호				
집행권원					
채무불이행액					
등재사유			말소사유		
등재날짜	...		말소날짜		...
등재자 직위·이름			말소자 직위·이름		
부본송부	시·구·읍·면장	20 ...	말소통지	시·구·읍·면장	20 ...
	전국은행연합회장	20 ...		전국은행연합회장	20 ...
비고			비고		

통장·카드 압류

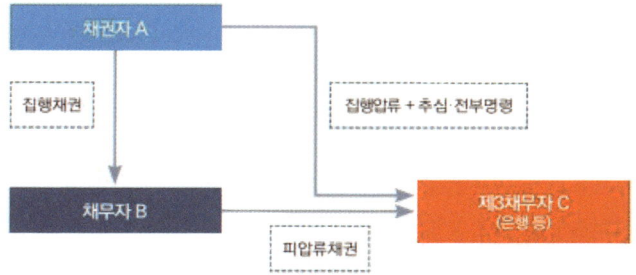

▶ 채무자 재산이 파악되면 단계적으로 채권추심에 들어간다!

- 보통 천만 원 미만의 소액일 경우 통장이나 카드를 압류한다.
* 이 경우 상대방 통장 잔액이 적을 수 있기에 법원에 압류 신청 시 3~4개 주요 시중은행 통장을 100만 원 정도로 분할해 신청한다.

- 통장·카드 압류보다 다소 절차적으로 복잡하긴 하나, 채무자의 부

동산을 찾아낸 후 강제경매를 신청해 확실하게 회수하는 방법도 있다.

*물론, 신용정보회사에 소정의 수수료(20~70만 원)를 주고 파악하면 편리하지만 실무를 경험해본다는 차원에서 셀프추심도 괜찮다.

채권자가 지급명령 또는 민사소송을 통해 승소 판결을 받아 집행권원을 확보했을 경우, 가장 손쉽게 할 수 있는 방법으로는 채무자의 통장이나 카드 등을 압류하여 채무변제를 압박하는 방법이 있다.

필자가 15년간 경매로 낙찰받은 상가를 리모델링해 소호사무실을 비롯해 다수의 상가들을 임대를 주다 보니 월세를 미납한 후 잠적해버리는 임차인들을 왕왕 보게 된다. 100만 원 이하 소액일 경우에는 휴대전화 통화 등으로 몇 차례 압박하며 납부할 것을 독촉해보지만, 무조건 배 째라는 식으로 나오는 임차인들이 가끔 있어 골치가 아플 때가 있다. 미납된 월세가 수백만 원 이상이 밀려있을 때는 어쩔 수 없이 지급명령이나 소송을 걸어 집행권원을 확보한 후에 곧바로 통장압류나 강제경매를 통해 미납금 회수에 들어간다.

일반적으로 통장·카드 등 금전채권에 대한 집행은 집행법원이 집행기관이 되고, 법원의 압류명령에 따라 절차가 시작되며, 압류 → 현금화 → 배당으로 진행되는 집행과정에서 압류 이후의 절차에서는 집행법원의 관여도가 낮아지고 채권자와 제삼 채무자(은행 등)가 협력하는 형태로 절차가 진행된다.

이때 집행의 대상이 되는 금전채권이란 집행채무자가 제삼 채무자

> **민사집행법 제246조(압류금지채권)** ① 다음 각호의 채권은 압류하지 못한다.
>
> 1. 법령에 규정된 부양료 및 유족부조료
> 2. 채무자가 구호사업이나 제삼자의 도움으로 계속 받는 수입
> 3. 병사의 급료
> 4. 급료·연금·봉급·상여금·퇴직연금, 그 밖에 이와 비슷한 성질을 가진 급여채권의 2분의 1에 해당하는 금액
> 5. 퇴직금 그 밖에 이와 비슷한 성질을 가진 급여채권의 2분의 1에 해당하는 금액
> 6. 주택임대차보호법 제8조, 같은 법 시행령의 규정에 따라 우선변제를 받을 수 있는 금액
> 7. 생명, 상해, 질병, 사고 등을 원인으로 채무자가 지급받는 보장성보험의 보험금. 다만 압류금지의 범위는 생계유지, 치료 및 장애 회복에 소요될 것으로 예상되는 비용 등을 고려하여 대통령령으로 정한다.
> 8. 채무자의 1월간 생계유지에 필요한 예금(적금·부금·예탁금과 우편대체를 포함한다).

에 대해 가지는 금전의 지급을 목적으로 하는 채권을 말한다.

* 모든 금전채권이 집행의 대상이 되는 것은 아니다. ① 채권이 집행채무자의 책임재산에 속해야 하고 ② 양도할 수 있으며 ③ 법률상의 압류금지채권이 아니어야 한다.

금전채권에 대한 압류명령의 신청은 서면으로 채권자가 법원에 신청하는데, 압류명령신청은 현금화를 위한 추심명령이나 전부명령신청과 병합하여 함께 신청하는 것이 일반적이다.

이러한 신청서에는 채권자·채무자·제삼 채무자 및 집행권원을 표시하는 것 외에 특별히 압류할 채권의 특정을 위하여 압류할 채권의 종류와 액수를 기재하여 강제집행의 개시요건(집행권원, 집행문, 송달

등)을 증명하는 서류도 함께 제출해야 한다.

채권자의 압류명령신청을 접수한 집행법원은 압류금지채권에 해당하지 않는지, 초과압류가 아닌지 등 여러 요건을 심사한 후 적법하다고 인정할 때는 사법보좌관이 압류명령을 내리게 된다.

다음은 실제로 필자가 통장압류 등을 통해 미납금을 회수한 사례로 관련 서류들을 첨부하니 그대로 따라 작성해 활용해 볼 것을 권한다.

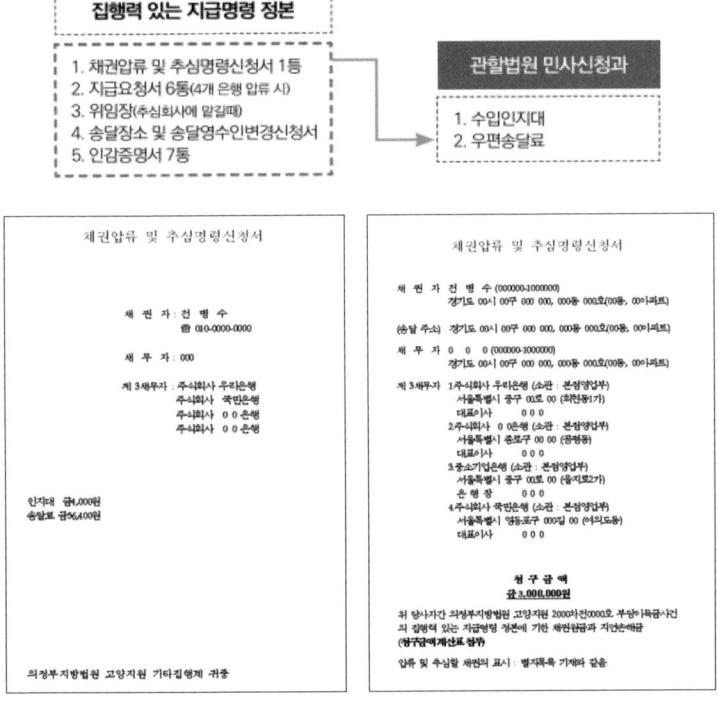

신 청 취 지

채무자의 제3채무자에 대한 별지목록 표시의 채권을 압류한다.
제3채무자는 채무자에 대하여 위 지급을 하여서는 아니된다.
채무자는 위 채권의 처분과 영수를 하여서는 아니된다.
채무자의 제3채무자에 대한 위 채권은 이를 채권자가 추심할 수 있다.
라는 재판을 구합니다.

신 청 이 유

채권자는 채무자에 대하여 의정부지방법원 고양지원 2000차전0000호 부당이득사건의 집행력 있는 지급명령 정본에 의하여 청구금액 기재의 채권이 있으나, 채무자는 이를 변제하지 아니하므로, 채무자가 제3채무자에 대하여 가지는 별지기재의 채권을 압류하고, 이를 추심하고자 이건 신청을 합니다.

첨 부 서 류

1.집행력 있는 지급명령 정본
1.송달료 납부서
1.채권표시목록
1.채권자 인감증명서
1.채무자 주민등록 초본
1.제3채무자 법인등기부등본

2020 . 0 . 00.

채권의 표시

채 무 자 : ○ ○ ○ (000000-000000)
청구채권금액 : 금 **3,000,000원**정

다만, 채무자가 제3채무자들에 대하여 가지는 현재 입금되었거나 장래 입금될 다음 예금 채권과 보험 채권에서 기재한 순서에 따라 아래 기재된 제 3채무자들에 각 해당하는 금액에 이를 때까지의 금액

-다 음-

1)여러종류 또는 여러 계좌의 예금중에서 선행의 질권 설정 또는 압류 가압류가 있는 경우에는 다음 순서에 의한다.
　가.질권 설정 및 압류, 가압류가 없는 것
　나.압류 가압류는 있으나 질권결정이 없는 것
　다.질권 설정은 있으나 압류, 가압류가 없는 것
　라.질권 설정 및 압류, 가압류가 있는 것
2)여러 종류 예금이 있을때에는 다음순서에 의하여 압류 및 추심한다
　가.보통예금,나.기업자유예금,다.당좌예금,라.정기예금,마.자유저축예금
　바.정기적금,사.별단예금,아.저축예금,자.MMF,MMDA,차.적립식펀드
　카.주택청약예금,타.주택청약부금,파.채권형 예금,하.신탁예금
　거.주택청약저축,너.CMA,더.예탁유가증권,러.RP,머.WRAP,버.CP&CD
　서.ELS&DLS,어.W-CMA
3)제3채무자 은행들의 보험금 및 중도해지 만기로 인한 해약반환, 만기 수령금, 유면예금, 유면보험금, 환급금, 장래 입금될 것을 포함하여 다음 순서에 의하여 압류한다.
　가.연금보험 나.종신보험 다.저축보험 라.건강보험 마.상해보험
　바.암보험 사.변액보험 아.보장보험 자.다이렉트보험 차.종합보장보험
　카.정기보험 타.교육보험 파.어린이보험 하.펀드
4)같은 종류의 예금 및 보험금이 여러계좌에 있을 때에는 계좌번호가 빠른 예금부터 압류 및 추심한다.

• 단 민사집행법 제246조 1항 7호, 8호 및 동법 시행령에 의하여 압류금지의 범위에 해당되는 보험금 등 및 예금 등을 제외한다

아 래

주식회사 우리은행에게는   금 800,000원정을 압류 및 추심한다
주식회사 ○○ 은행에게는   금 800,000원정을 압류 및 추심한다
주식회사 ○○ 은행에게는   금 700,000원정을 압류 및 추심한다
주식회사 ○○ 은행에게는   금 700,000원정을 압류 및 추심한다

청구금액 계산표

청구금액 합계금 : 금 3,000,000원정

- 내   역 -

1. 채 권 원 금 : 금 2,500,000원정

2. 지연손해금 (a) : 금 500,000원정 <원미만 반올림>
   위 1에 대한 2018년 0월 0일 부터 신청일 현재 2020년 0월
   00일 까지 연 15%의 금원

   [계산식 : 2,500,000 × 15.00% ÷ 365 × 650일 = 000,000]

   < 계 1 + 2 = 2,500,000 + 500,000 = 3,000,000 >

지 급 요 청 서

채 권 자 - 전병수 (000000-1000000)

채 무 자 - 홍길동 (000000-1000000)

제 3 채무자 - 1. 주식회사 ○○ 은행   대표이사   000
              서울특별시 중구 소공로 51 (회현동 1 가)
           2. 주식회사 ○○ 은행   대표이사   000
              서울특별시 종로구 종로 47 (공평동)
           3. 주식회사 ○○ 은행   대표이사   000
              서울특별시 중구 을지로 79 (을지로 2 가)
           4. 주식회사 ○○ 은행   대표이사   000
              서울특별시 영등포구 000로 8길 26 (여의도동)

집행권 원- 의정부지방법원 고양지원 2000타체   채권압류 및 추심명령 결정문
         (의정부지방법원 고양지원 2000 차전 0000 호 물품이용금사건 지급명령)

위 집행권원에 기하여 위 채무자에 대해 압류된 채권액을 아래의
계좌로 송금하여 주시기 바랍니다.

* 입금계좌 : 국민은행 000000-00000 예금주-000

채권자   전 병 수   (인)

강제경매 신청으로
못 받은 돈 회수하기

민사집행법 제80조(강제경매신청서)
강제경매신청서에는 다음 각호의 사항을 적어야 한다.
1	채권자·채무자와 법원의 표시
2	부동산의 표시
3	경매의 이유가 된 일정한 채권과 집행할 수 있는 일정한 집행권원

채무자의 통장이나 카드 압류보다 시간과 비용은 조금 더 걸리지만 더 강력한 집행 방법인 강제경매를 신청하는 방법에 대해 알아보자.

다음 건은 필자가 월세를 미납하고 '먹튀' 한 임차인을 상대로 지급명령을 통해 집행권원을 확보한 후 실제로 채권자의 지위로서 채무자의 재산에 대해 직접 강제경매를 신청하여 미납 임차료를 전부 보전받은 사례다.

수년 전 일이다. 필자가 운영 중이던 소호사무실을 임차한 이후 수개월 동안 사무실 임차료를 미납한 채로 임의 퇴거한 임차인을 상대로 어떻게 하면 미납된 임차료를 전부 회수할 수 있을까 고민하다 우선적으로 약식재판의 일종인 지급명령을 신청해서 승소 판결을 받아두었다. 그리고 채무자의 통장·카드 가압류 등 여러 가지 채권회수 방법을 고민하다가 결국은 다소 비용이 들긴 하지만 가장 확실한 방법을 택하기로 했다.

참고로, 강제경매를 신청할 경우 채권원금보다 오히려 경매 집행비용이 많이 나올 수 있기에 반드시 상대방의 재산을 확실히 파악한 후에 강제경매를 신청해야한다. 이 건의 경우 사전에 채무자의 재산파악을 해보니 부동산중 수억원 상당의 토지가 있음을 확인했고 이에 대해 강제경매를 신청했더니 경매집행 비용만 수백만 원 소요되었다. 참고로 강제경매를 신청시 집행비용에는 경매예납금과 송달료, 인지세 등이 포함된다.

채무자가 원금 350만 원만 바로 지불했다면 깔끔히 끝났을 일인데 2년 이상 방치해 둔 걸 보면 '어디 한번 해볼 테면 해봐라'는 심산이었다. 사실 승소 판결을 받아 둔 채권자 입장에서는 불리할 게 전혀 없다. 요즘 같은 저금리 시대에 연 12% 상당의 법정이자가 자동적으로 쌓이는 데다 여러 가지 집행 방법(통장압류, 카드압류, 부동산압류)을 통해 일정 시간이 경과한 후에 원금과 이자를 모두 회수할 수 있기 때문이다.

당시 채무자는 강제경매 개시결정문을 송달받자마자 화들짝 놀라서 바로 필자에게 전화를 했고, 그간 350여만 원과 연체이자·소송비용 등 미납액 전부를 갚았기에 필자는 바로 경매계에 강제경매 취하서를 제출했다.

  채무자가 바로 대응했기에 망정이지 만약 계속해서 강제경매절차가 진행되었더라면 감정평가비, 송달비 등 원금 350여만 원 이외에 경매비용만 600만 원 이상 소요되는 등 손해가 훨씬 더 커져 버렸을 것이다.

TIP | 강제경매 신청방법 알아보기

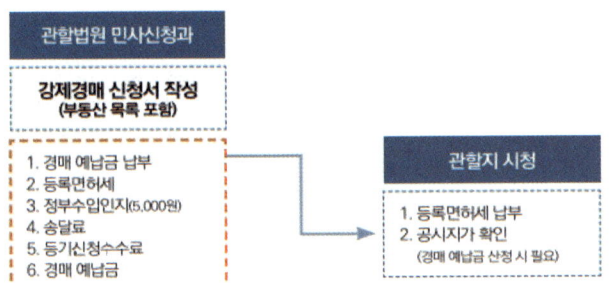

민사집행법 제81조(첨부서류)

① 강제경매신청서에는 집행력 있는 정본 외에 다음 각호 가운데 어느 하나에 해당하는 서류를 붙여야 한다.
  1. 채무자의 소유로 등기된 부동산에 대하여는 등기사항증명서
  2. 채무자의 소유로 등기되지 아니한 부동산에 대하여는 즉시 채무자 명의로 등기할 수 있다는 것을 증명할 서류. 다만, 그 부동산이 등기되지 아니한 건물인 경우에는 그 건물이 채무자의 소유임을 증명할 서류, 그 건물의 지번·구조·면적을 증명할 서류 및 그 건물에 관한 건축허가 또는 건축 신고를 증명할 서류
② 채권자는 공적 장부를 주관하는 공공기관에 제1항 제2호 단서의 사항들을 증명하여 줄 것을 청구할 수 있다.
③ 제1항 제2호 단서의 경우에 건물의 지번·구조·면적을 증명하지 못한 때에는 채권자는 경매신청과 동시에 그 조사를 집행법원에 신청할 수 있다.
④ 제3항의 경우에 법원은 집행관에게 그 조사를 하게 하여야 한다.
⑤ 강제관리를 하기 위하여 이미 부동산을 압류한 경우에 그 집행기록에 제1항 각 호 가운데 어느 하나에 해당하는 서류가 붙어 있으면 다시 그 서류를 붙이지 아니할 수 있다.

1. 민사집행법 81조에 따른 서류를 구비한 후 경매계에 신청하자!

2. 강제경매신청서를 아래와 같이 작성한다.

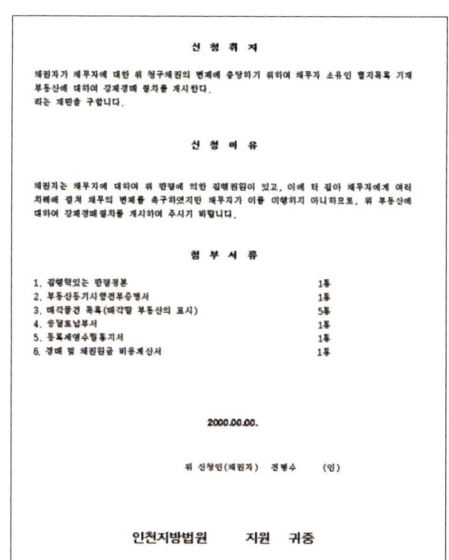

```
[별 지]

            부동산의 표시

1동의 건물의 표시
  ○○시 ○구 ○○동 ○○○ ○○○아파트 제205동
  [도로명주소] ○○시 ○○구 ○○로 ○○

전유부분의 건물의 표시
  건물번호 : 205-5-508
  구   조 : 철근콘크리트조
  면   적 : 5층 508호 42.55㎡

대지권의 목적인 토지의 표시
  1. ○○시 ○구 ○○동 ○○○   대  15144.8㎡
  2. 같은 동           ○○○-2  대  1876.2㎡
  3. 같은 동           ○○○-3  대  5725.4㎡
  4. 같은 동           ○○○-4  대  6011㎡
  5. 같은 동           ○○○-5  대  2056㎡
  6. 같은 동           ○○○-6  대  3746.3㎡
  7. 같은 동           ○○○-7  대  1013㎡
  8. 같은 동           ○○○-8  대  2954.5㎡

대지권의 종류 : 1 내지 8 소유권

대지권의 비율 : 39.66/38527.2  끝.
```

3. 등록면허세를 납부한다. 납부 방법은 ① 관할지 시청(구청) 세무과 방문 ② 인터넷 위택스 납부 등 두 가지가 있다.

① 관할 시청 세무과를 방문할 경우, 등록면허세신청서를 작성해 제출한 후에 받은 영수증으로 관내 은행에 가서 직접 납부하면 된다.

② 인터넷 위택스 납부 방법은 등기편에 자세히 기술해두었으니 그대로 따라 하면 된다.

4. 최종적으로 관할법원 민사신청과에 직접 가서 수입인지·등기신청수수료·경매예납금을 납부한다. 수입인지·송달료·예납금 금액은

민사신청과 담당 직원에게 물어보면 정확히 알려준다.

이제 모든 서류(강제경매신청서·등록면허세 납부확인서·수입인지·등기신청수수료·송달료 등)가 완비되면 바로 철한 후 제출하면 끝!

- 4장 -
등기

등기부등본이란?

등기부등본은 부동산에 관한 소유 및 권리관계, 제반 현황이 기재되어 있는 공적 장부다. 지번·지목·구조·면적 및 저당권·전세권·가압류 등 권리설정 여부를 확인할 수 있어 경매 입찰전에 반드시 확인해야만 한다.

등기부등본은 크게 토지등기부등본과 건물등기부등본으로 나뉜다.

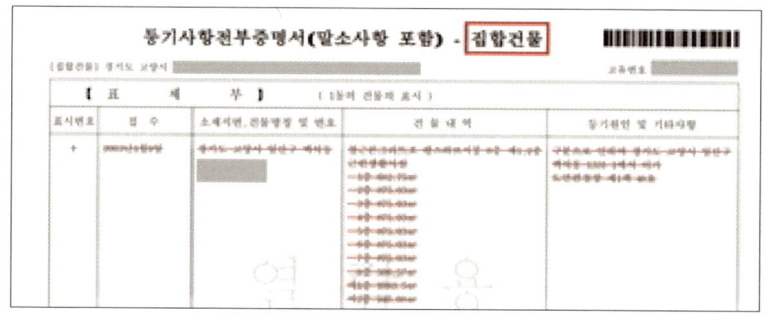

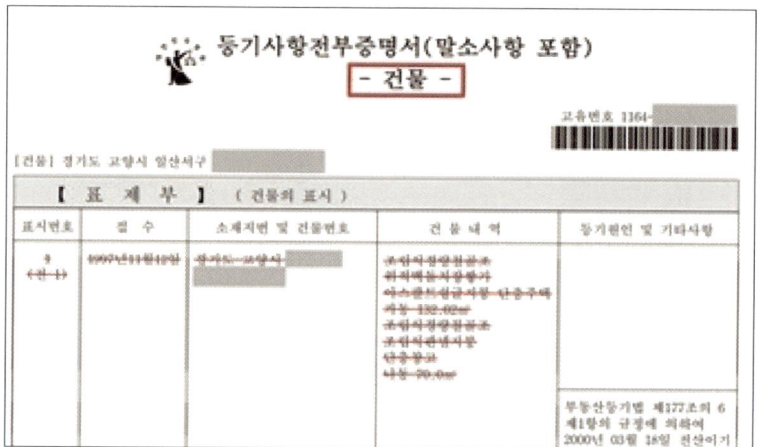

　　건물등기부등본은 다시 집합건물 등기부등본과 일반건물 등기부등본으로 나뉜다. 일반건물은 단독주택이나 다가구주택을 말하고, 집합건물은 아파트·다세대주택·오피스텔·상가 등 한 동을 구성하고 있는 건물을 말한다.

　　참고로 다가구주택은 소유주가 1명인 단독주택이기에 일반건물 등기부등본으로 열람되며, 다세대주택은 아파트처럼 소유주가 여러 명인 집합건물이기에 집합건물 등기부등본으로 열람된다.

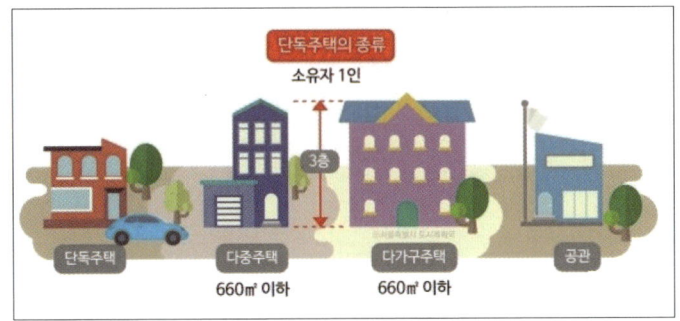

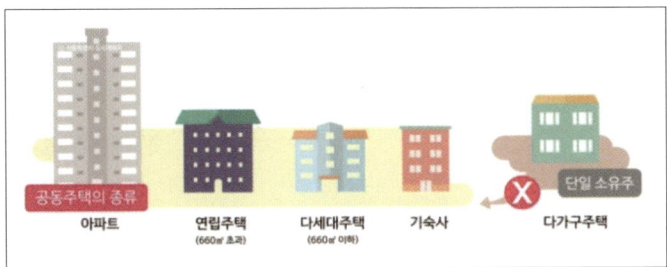

연립주택은 660㎡ 초과 4개 층 이하, 다세대주택은 660㎡ 이하 4개 층 이하

등기부등본은 크게 표제부, 갑구, 을구 세 부분으로 나뉜다.

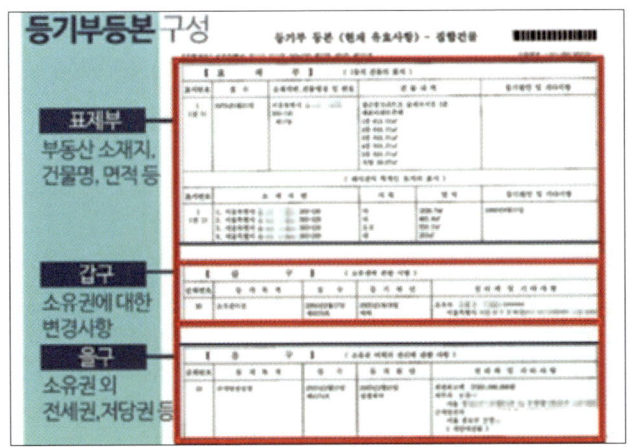

표제부에는 해당 물건의 주소, 면적, 층수, 지목, 구조 등이 표시된다.

갑구에는 소유권과 관련된 내용이 담겨있다. 소유권보존·소유권이전·압류·가압류·가처분·가등기·환매·경매기입 등기 등 주로 권리관계의 변경 및 소멸에 관한 내용이 담겨있다.

을구에는 소유권 이외의 권리, 즉 근저당권·전세권·지상권 등이 기재된다.

이러한 등기부등본을 열람하려면 인터넷등기소에 접속하면 된다. 누구나 해당 부동산의 등기부등본을 실시간으로 열람 또는 발급할 수 있다.

등기부등본에는 등기한 순서대로 순위번호가 있는데 이러한 순위번호에 따라 등기의 순위가 정해진다. 단, 가등기는 순위 보전의 효력이 있어서 본등기가 되었을 때 본등기의 순위는 가등기의 순위로 앞당겨진다.

등기부등본을 보는 요령은 토지등기부등본과 건물등기부등본 모두를 발급하여 같은 소유주인지 확인해보고, 해당 물건의 지번과 표제부 지번이 맞는지, 소유자의 이름과 주소가 일치하는지 등을 잘 살펴보아야 한다.

TIP | 인터넷에서 등기부등본 발급하는 요령

STEP 1 네이버에서 '인터넷등기소'(www.iros.go.kr)를 검색

STEP 2 인터넷등기소 화면에서 부동산 열람·발급 아이콘 클릭

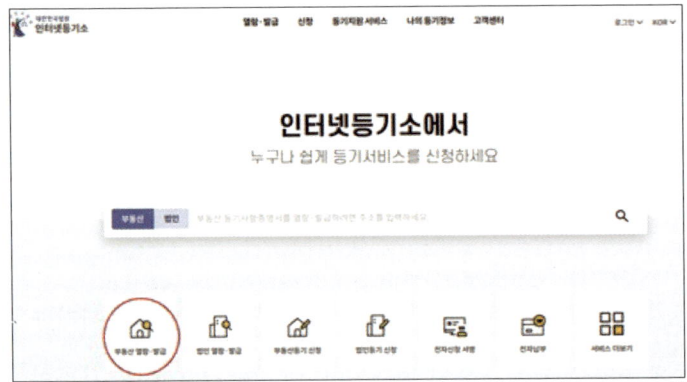

STEP 3 부동산소재지 주소를 입력하고 검색 버튼 클릭

(단순히 열람만 할 때는 700원, 인쇄 발급은 1,000원)

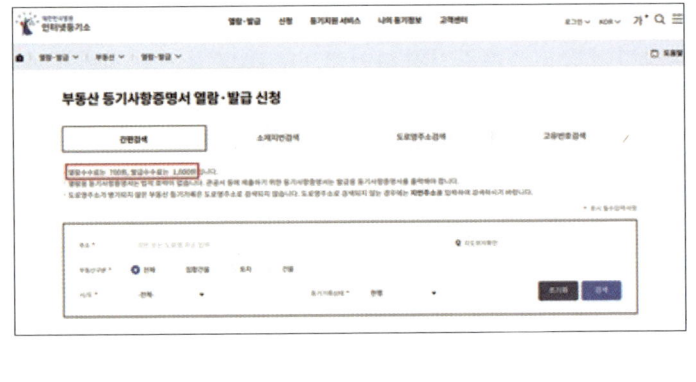

소유권이전등기 셀프로 진행하기

소유권이전등기 작업은 대부분 법무사를 통해 진행하지만 전체적인 등기프로세스만 익혀두면 누구나 셀프등기를 할 수 있다. 소유권이전등기를 직접 진행할 경우 일반적인 매매와 경매 낙찰의 경우에 약간씩 다르다.

일반 매매를 통해 소유권이전등기를 진행할 경우, 원칙적으로 매수자와 매도자가 함께 등기소를 방문해 소유권이전등기를 진행하면 된다. 참고로 법무사 없이 셀프등기를 할 경우 매수인·매도인이 함께 가는 것이 원칙이나, 한쪽이 바빠서 못 갈 경우 상대방의 인감도장과 인감증명서 및 위임장을 받아서 진행하면 된다.

경매낙찰의 경우에는 잔금일 날 낙찰자가 해당 경매계를 직접 방문해 잔금을 납부하고 법원에 '소유권이전등기 촉탁신청서'를 제출하면 집행법원에서 직권으로 소유권이전등기를 등기소에 촉탁한다.

먼저 등기이전 절차를 한눈에 살펴보고 차분히 서류를 준비해보자.

셀프 등기 절차

관할시청(구청) → **법원 등기소** →

관할시청(구청):
1. 부동산 실거래 신고필증
   (집에서도 신고가능)
2. 취득세 신고서 작성
   (구청 내 세무과)
3. 취득세 고지서 납부
   (구청 내 농협 등)

법원 등기소:

매수인
1. 주민등록등본
2. 부동산 실거래신고필증
3. 부동산 매매계약서
4. 토지대장등본/건물대장등본
5. 도장, 신분증

매도인
1. 부동산 등기권리증
2. 매도용 인감증명서 & 인감도장
3. 소유권이전등기신청서
4. 주민등록초본(과거이력 포함)

법원 내 신한은행
1. 국민주택채권 매입 & 즉시 매도
2. 정부 수입인지 & 법원 수입증지 매입

TIP | 등기 관련 서류 발급 시 알아두면 편리한 사이트

요즘은 굳이 관공서에 가지 않아도 웬만한 서류는 인터넷으로 발급 가능하다.

인터넷 발급서류	해당 사이트	사이트 주소
주민등록초본	정부(민원) 24시	www.gov.kr
취득세(등록면허세)	위택스	www.wetax.go.kr
등기신청수수료	대법원인터넷등기소	www.iros.go.kr
국민주택채권매입	주택도시기금	www.molit.go.kr
공시지가 확인	국토교통부 부동산 공시가격 알리미	www.realtyprice.kr

소유권이전등기 준비서류

1	소유권 이전등기 신청서
2	부동산 매매 계약서
3	부동산 실거래 신고필증
4	취득세 영수필확인서
5	등기신청수수료 영수필확인서
6	부동산 등기필증(등기권리증)
7	토지대장, 건축물대장 등본
8	국민주택채권 매입납부 영수증
9	인감증명서(일반용이 아닌 매도용 인감증명서)
10	주민등록초본(과거이력 포함), 도장, 신분증
11	부동산 목록(=부동산의 표시)
12	위임장(법무사 등 대리인이 갈 경우)

일반매매에 따른 '소유권이전등기' 신청 절차

Step 1 부동산 실거래가 신고필증

관할 시·군·구청에 가서 부동산 실거래가 신고를 담당하는 부서를 찾아간다. 부동산 매매계약서 사본을 토대로 부동산거래 신고필증 신청서를 작성한 후 실거래가 신고를 한다.

참고로 신고필증 양식은 시청 담당과에 가면 구비되어 있으니 직접 작성해도 되고, 사전에 인터넷에서 양식을 다운받아 작성해도 된다.

Step 2 취득세 신고서 작성 및 영수필확인서

일반 주택을 취득할 경우, 취득세는 대개 1~3% 범위 내에서 책정

된다.

 관할 시·군·구청 세무과를 직접 방문해 취득세 신고서를 작성해 제출하면, 취득세 납부고지서를 발급해 준다. 발급받은 납부고지서를 들고 구청 내 은행에서 납부한 후에 '취득세 영수필확인서'를 받아오면 된다.

 * 시·군·구청 담당 세무과직원에게 해당 부동산의 시가표준액을 물어봐 두면, 나중에 소유권이전등기신청서 작성 시 유용하다.

 취득세 신고서를 작성하는 요령은 다음 표를 참조하면 된다.

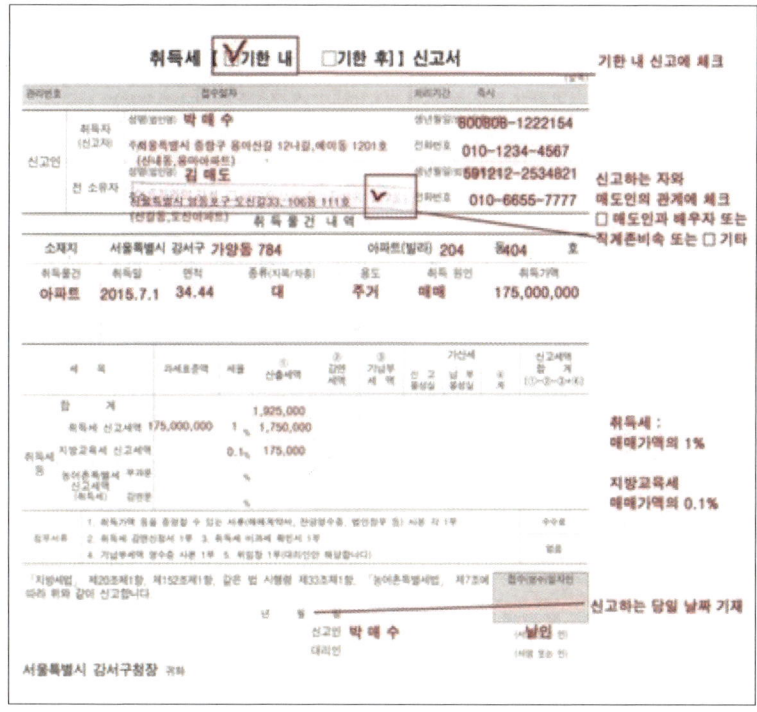

Step 3 등기신청수수료 영수필확인서 발급

1. 대법원 인터넷등기소 홈페이지에서 전자납부 ⇒ 등기신청수수료 전자납부를 선택한다.

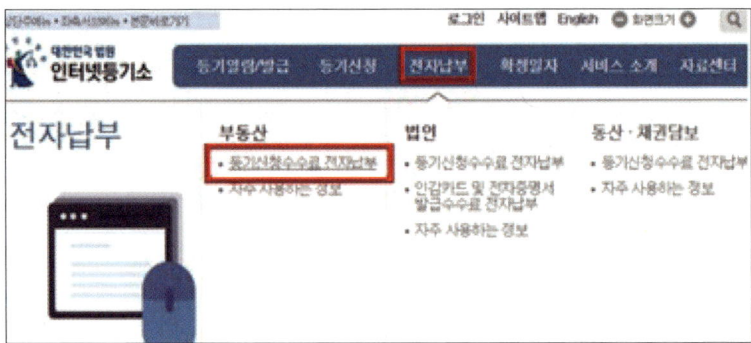

2. 전자납부 정보입력을 클릭한다.

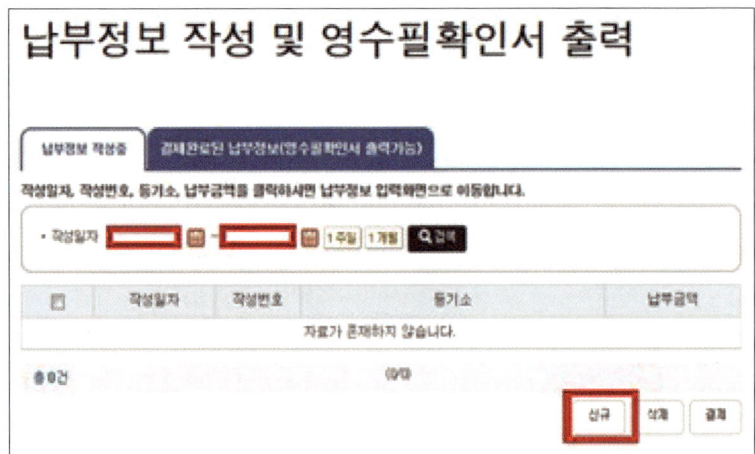

3. 관할등기소를 검색한 후에 수수료액 표를 클릭하면 납부금액이 나온다.

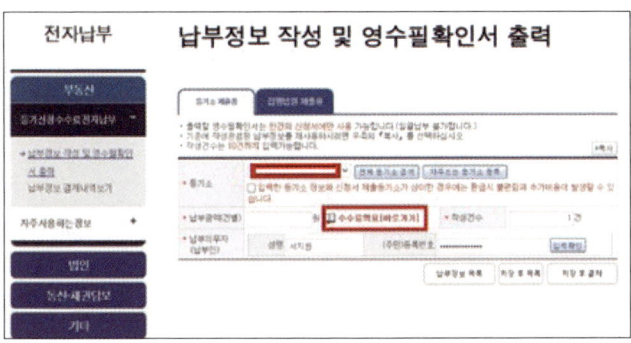

수수료액은 e-form으로 하느냐 서면방문이냐 등에 따라 금액이 다른데, 서면방문 신청으로 할 경우 소유권이전등기이므로 15,000원을 입력한다.

4. 금액을 결제한 후에 등기신청수수료 영수필확인서를 프린트하면 된다.

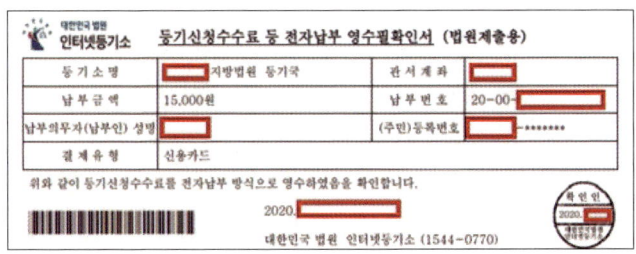

※ 인터넷 발급이 번거로우면 법원등기소 내에 설치된 무인발급기를 통해 발급받으면 된다.

Step 4 국민주택채권 영수증

국민주택채권이란 정부가 국민주택사업에 필요한 자금을 조달하기 위해 주택도시기금의 부담으로 발행한 채권을 말하는데 등기를 신청하는 자는 반드시 국민주택채권을 매입해야 한다(주택도시기금법 제8조 제1항 2호).

※ 시가표준액 기준 주택은 2,000만 원, 토지는 500만 원 이상이면 무조건 매입하도록 되어 있음.

제1종 국민주택채권 매입 기준(소유권이전등기시) (단위 : 원)

	과세기준	특별시	기타지역		과세기준	특별시	기타지역
토지	1	0.000	0.000	주택	1	0.000	0.000
	5,000,000	0.025	0.020		20,000,000	0.013	0.013
	50,000,000	0.040	0.035		50,000,000	0.019	0.014
	100,000,000	0.050	0.045		100,000,000	0.021	0.016
					160,000,000	0.023	0.018
					260,000,000	0.026	0.021
					600,000,000	0.031	0.026
상속증여	1	0.000	0.000	상가	1	0.000	0.000
	10,000,000	0.018	0.014		100,000,000	0.010	0.008
	50,000,000	0.028	0.025		130,000,000	0.016	0.014
	150,000,000	0.042	0.039		250,000,000	0.020	0.018

법원등기소 내에 있는 신한은행에서 국민주택채권을 매입한 후에 당시 시세로 즉시 매도한다. 이때 국민주택채권매입 금액을 알아야 하는데, 파악하는 방법은 ① 주택도시기금 홈페이지를 접속해 파악하거나 ② 법원 내 은행 직원에게 물어보면 된다.

TIP | 국민주택채권 매입금액 확인하는 법

1. 주택도시기금 홈페이지를 접속한다.

> 주택도시기금 홈페이지 : www.molit.go.kr

홈페이지 상단에서 청약/채권을 클릭해서 매입대상금액조회를 누른다.

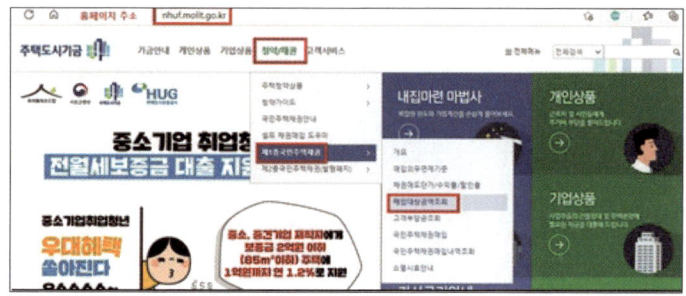

2. '매입대상금액조회' 란에서 부동산 소유권등기를 클릭하고, '대상물건지역'을 누른 후 건물시가표준액을 입력하면 채권매입금액이 뜬다.

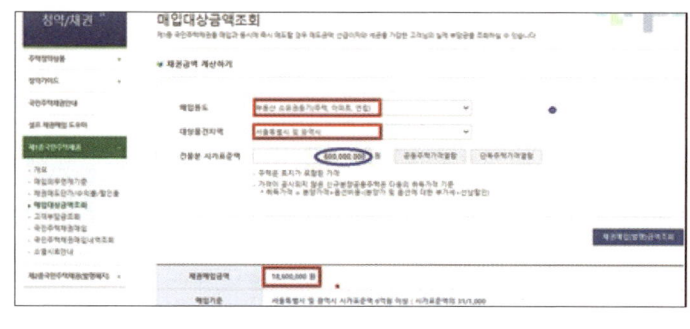

3. 국민주택채권매입금액이 확인되면, 신한은행 창구에서 국민주택채권 매입신청서를 작성·제출하면 매입된다. 곧바로 당시 시세로 즉시 매도하고 금액을 지불하면 확인증을 준다.

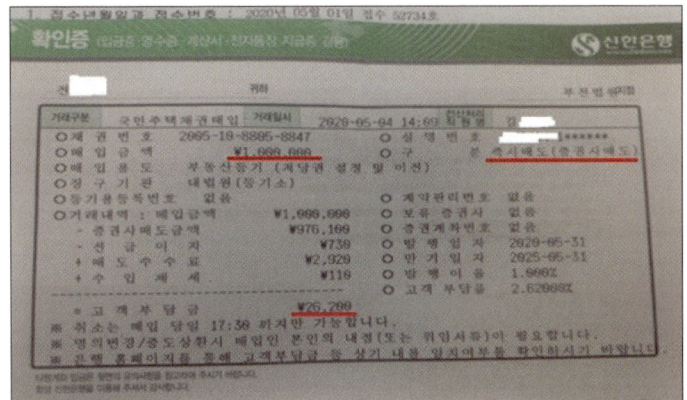

※ 국민주택채권 매입 후 매도하는 방법은 법원 내 은행을 방문하지 않더라도 인터넷뱅킹으로도 가능하다. 국민은행·우리은행·신한은행·하나은행·농협·대구은행·부산은행 등 7개 은행에서 가능하다.

Step 5 소유권이전등기 신청서 작성

1) 신청서는 직접 법원등기소에 가서 수기로 작성해도 되나, 컴퓨터로 인터넷등기소에 접속해 신청서양식을 다운받아 작성하는 편이 훨씬 낫다. 특히 '부동산의 표시'는 등기부등본을 보며 꼼꼼히 작성해야 하는데, 컴퓨터로 작성할 경우 수정하기도 쉽고 매우 편리하다.

2) 신청서 양식 찾는 법:

① 대법원대법원 인터넷등기소(www.iros.go.kr)를 접속한다.

② 자료센터 클릭

③ '매매로인한소유권이전등기신청'을 클릭한다.

소유권이전등기신청서 작성하는 요령은? 1페이지부터 살펴보자.

접 수	년 월 일 제 호	처 리 인	등기관 확인	각종 통지

소유권이전등기신청(매매)

부동산의 표시(거래신고관리번호/거래가액)

1동 건물의 표시
　　☐☐시 ☐☐동 ○○아파트 제 ○ 동
　[도로명주소] ☐☐☐☐☐☐ ○○○○
전유부분의 건물의 표시
　건물번호　제 ○ 층 제 ○ 호
　구조　　　철근콘크리트구조
　면적　　　○○ m2
대지권의 표시
　토지의 표시　☐☐☐시 ☐☐동 ○○번지
　대지권의 종류　소유권
　대지권의 비율　○○○○○분의○○

거래신고관리번호 : 신고필증번호　　거래가액 : 매매대금

등기원인과 그 연월일	매매계약일(계약서작성일)
등 기 의 목 적	소 유 권 이 전
이 전 할 지 분	전부

구분	성　명 (상호·명칭)	주민등록번호 (등기용등록번호)	주　소 (소 재 지)	지　분 (개인별)
등기의무자	매도인	주민번호	주소	1/1
등기권리자	매수인	주민번호	주소	1/1

208　　　　　　　　　　　　　　　　　　　　　　　　　　4 장

(1) 등기부등본 '표제부'를 보고, '부동산의 표시란'을 작성한다.
  - 왼쪽 예시를 참고로 등기부등본에 있는 내용을 그대로 적으면 된다.
(2) 등기원인과 그 연월일에는 소유권 이전이 된 시점 일자를 쓴다.
  - '2020년 0월 0일 매매'로 쓰면 된다.
(3) 등기의 목적
  - '소유권 이전'이라고 쓴다.
(4) 등기의무자: 매도인 인적 사항을 쓴다.
(5) 등기권리자: 매수인 인적 사항을 쓴다.
  이 부분이 자칫하면 헷갈리기 쉬우니 주의해서 써야 한다!
  (잘못 쓸 경우, 며칠 후 등기소 직원이 등기소로 재호출한다!)

2페이지는 지금까지 구비해 둔 국민주택채권매입금액, 취득세, 등기신청수수료, 등기필증 등 서류를 보면서 하나씩 작성하면 된다.

시가표준액 및 국민주택채권매입금액				
부동산 표시	**부동산별 시가표준액**		**부동산별 국민주택채권매입금액**	
1.	금	원	금	원
2.	금	원	금	원
3.	금	원	금	원
국 민 주 택 채 권 매 입 총 액			금	원
국 민 주 택 채 권 발 행 번 호				

취득세(등록면허세)	금	원	지방교육세	금	원
			농어촌특별세	금	원
세 액 합 계			금		원
			금		원
등 기 신 청 수 수 료			납부번호 :		
			일괄납부 :	건	원

등기의무자의 등기필정보		
부동산고유번호		
성명(명칭)	일련번호	비밀번호

첨 부 서 면				
· 매매계약서(전자수입인지첨부)	통	· 토지대장등본		통
· 취득세(등록면허세)영수필확인서	통	· 집합건축물대장등본		통
· 등기신청수수료 영수필확인서	통	· 주민등록표초본(또는 등본)	각	통
· 등기필증	통	· 부동산거래계약신고필증		통
· 매매목록	통	· 인감증명서나 본인서명사실확인서 또는		
· 위임장	통	전자본인서명확인서 발급증		통
		〈기 타〉		

년   월   일

위 신청인   ㊞ (전화 :   )
                             ㊞ (전화 :   )
(또는)위 대리인   (전화 :   )

지방법원   귀중

1) 부동산 시가표준액은 관할구청 세무과 직원에게 물어본 금액을 쓴다.

 * 국토교통부 부동산 공시가격 알리미(www.realtyprice.kr)에서도 확인 가능

2) 국민주택채권 매입영수증을 보고 매입금액과 발행번호를 적는다.

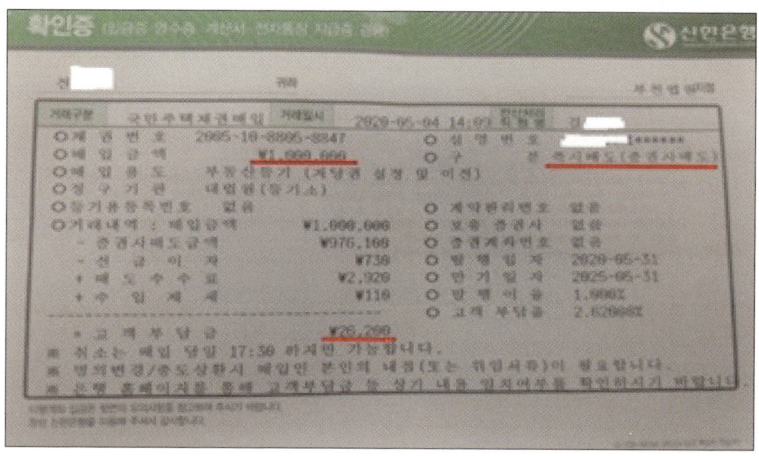

3) 취득세 영수증과 등기신청수수료 영수증에 나온 금액을 적는다.

4) 등기의무자의 등기필 정보: 등기필증에서 과감히 보안인증스티커를 제거한다. 부동산고유번호와 일련번호, 비밀번호를 쓴다(이때 비밀번호는 여러 개 중에 마음에 드는 아무 번호나 써도 상관없다).

작성이 다 끝나면, 신청서가 총 2장이므로 간인한다. 간인하는 요령은 앞장을 반쯤 접어 뒷장에 포갠 후에 매수·매도인 도장을 찍으면 된다.

Step 6 완비된 서류 제출하기

소유권이전등기신청서·취득세·등기신청수수료 등 모든 서류가 완비되면 법원등기소 내 민원담당관에게 최종적으로 빠진 서류가 없는지 재검증을 받는다. 이상 없음이 확인되면 접수대에 가서 제출하면 된다.

주소가 바뀌었을 때 셀프등기하는 법

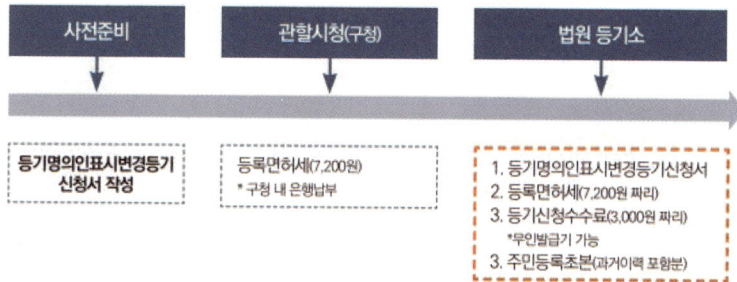

최근 필자가 근저당권설정등기를 셀프로 진행하려고 등기필증을 꼼꼼히 살피던 중에 다시 보니 집주소가 바뀌어 있었다. 9년 전에 경매로 낙찰받은 상가라 당시 주소가 등기부에 그대로 적혀 있었던 것이다.

이럴 경우, 절대 당황하지 말고 소유권이전등기(또는 근저당권설정등기)를 하기 전에 먼저 주소지 변경등기부터 신청해 진행해야 한다. 정확한 법률용어로는 "등기명의인표시변경등기신청"이라고 한다. (보통 법무사에게 맡기면 30만 원 정도 요구한다!)

등기명의인표시변경등기 신청서 작성 요령은 기본적으로 소유권이전등기 등 여타 등기 절차와 비슷하다.

Step 1 대법원 인터넷등기소에 접속해 '자료센터'를 클릭한 후에 '명의인표시변경등기' 신청서를 다운받는다.

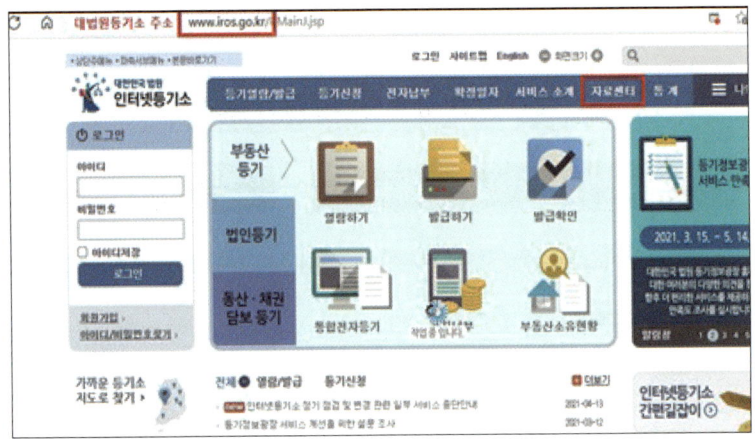

Step 2 등록면허세 영수필확인서 등 서류 준비

여타 등기 절차와 같이 먼저 등록면허세와 지방교육세를 납부해야 한다. 관할구청에서 등록면허세 신청서를 작성하면 고지서를 발급해준다. 이를 들고 은행에서 납부한다(7,200원).

등록면허세를 납부한 후에 관할구청 민원과에 가서 주민등록초본을 1통 발급받아 둔다(반드시 과거 이력이 있는 주민초본을 발급받아야 한다!).

Step 3 등기신청수수료 영수필확인서 발급

이번에는 인터넷발급이 아니라 등기소 무인발급기를 통해 발급하겠다. 3,000원이면 된다. 필자의 경우 등록면허세 영수필확인증은 사전에 인터넷으로 발급하고 등기신청수수료는 무인발급기에서 발급받는다.

Step 4 등기명의인표시변경등기신청서 작성

	등기명의인표시변경등기신청			
접 수	년 월 일 제 호	처 리 인	등기관 확인	각종 통지
① 부동산의 표시				
1. 서울특별시 서초구 서초동 100 　　대 300㎡ 2. 서울특별시 서초구 서초동 100 　[도로명주소] 서울특별시 서초구 서초대로88길 10 　시멘트 벽돌조 슬래브지붕 2층 주택 　　1층 100㎡ 　　2층 100㎡ 　　　　　이 상				
② 등기원인과 그 연월일	2017년 5월 25일 주소변경			
③ 등 기 의 목 적	등기명의인 표시변경			
④ 변 경 사 항	갑구 3번 등기명의인 이대백의 주소 "서울특별시 중구 다동길 96(다동)"을 "서울특별시 서초구 서초대로88길 10(서초동)"로 변경			
구분	성 명 (상호·명칭)	주민등록번호 (등기용등록번호)	주 소 (소 재 지)	
⑤ 신청인	이 대 백	700101-1234567	서울특별시 서초구 서초대로88길 10(서초동)	

① 부동산의 표시: 등기부등본에 있는 해당 부동산의 주소, 도로명 주소, 전유부분 건물, 토지분 면적을 차례로 기재한다.
② 등기원인과 그 연월: 해당 연월일을 적고 "주소변경"이라고 쓴다.
③ 등기의 목적: "등기명의인 표시변경"이라고 적는다.
④ 변경사항: 등기부상 주소와 실제주소 변경 내용을 적는다.

주소변경등기신청서 작성이 끝나면 ① 주민등록 초본 ② 등록면허세 영수필확인서 ③ 등기신청수수료 영수필확인서를 잘 철해서 관할 등기소에 제출하면 간단히 끝난다. 소유권이전등기 등 셀프등기를 한 번이라도 해 본 사람은 누구나 쉽게 할 수 있다.

> **TIP | 법원과 등기소가 떨어져 있어 불편한 곳들!**
>
> 간혹 일부 등기소는 법원과 한 건물 안에 있지 않고 떨어져 있을 수 있으니 유의하자!(특히 인천은 법원과 등기소가 많이 떨어져 있어서 유의해야 한다. 필자도 시간을 맞추지 못해 낭패를 겪은 적이 있다!)
>
> - 인천지방법원, 인천등기소
> - 고양지원, 고양등기소
> - 김포지원, 김포등기소
> - 수원지방법원, 동수원등기소, 장안등기소
>
> * 부천지원은 법원, 등기소, 신한은행이 한 건물 안에 있어 편리하다!

근저당설정등기 셀프로 진행하기

근저당 설정 등기는 대체로 부동산을 소유한 사람이 은행에서 대출을 받을 때 많이 한다. 금융기관들은 대출 채무자의 부동산에 근저당권을 설정해 두고서 만약 정해진 기한 내에 이자를 제때 갚지 않을 때 소송 등 별도의 재판절차를 거치지 않고 곧바로 임의경매를 진행한 후 배당절차로 원금과 이자까지 환수한다.

근저당이란 돈을 빌려주고 그 채권을 담보하기 위해 채무자 소유의 부동산에 원금과 이자를 합산한 최고가액을 미리 설정해둔다는 의미다. 이때 최고가액을 법률용어로 '채권최고액'이라고 표현한다. 보통 개인이 집을 담보로 은행에서 대출받을 때 은행에서는 대출금의 110%~130%를 '채권최고액'으로 잡아두고 채무자 부동산에다 근저당 설정을 한다. 개인 간이나 대부업체는 채권최고액을 원금의 150% 금액을 설정한다.

최근 필자는 잘 아는 지인에게 1억 원을 빌리면서 필자 소유의 부동산에 근저당권을 설정해 주었다. 그리 큰 금액이 아니기에 법무사에

맡기기보다 직접 근저당 설정등기를 진행해보았다.

먼저 근저당 설정등기 과정을 전체적으로 살펴보면 다음과 같다.

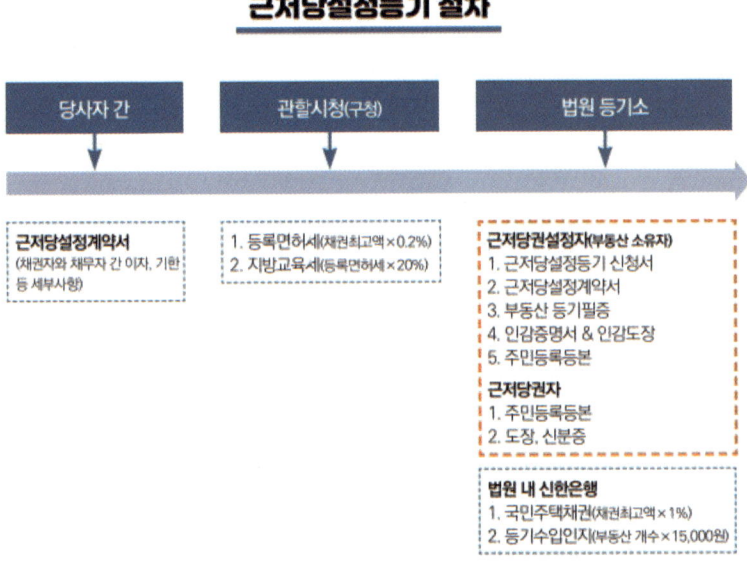

근저당 설정 비용 산정 기준	
등록면허세	채권최고액 X 0.2%
교육세	등록면허세 X 20%
증지대	부동산 개수 X 15,000원
국민주택채권	채권최고액 X 1%(2,000만원 미만은 매입하지않음)

Step 1 당사자 간에 근저당권 설정계약서를 작성한다. 이때 개인 간 근저당 설정 시 채권최고액은 보통 대출원금의 150%를 잡는다.

```
┌─────────────────────────────────────────────────────┐
│ ┌──────┐              근저당권설정계약서              │
│ │수입인지│                                            │
│ └──────┘                                            │
│  채권자 겸 근저당권자 : 000(000000-0000000)         │
│              주   소 : 경기도 부천시 [  ]번지       │
│                                                     │
│  채무자 겸 근저당권설정자 : 000(000000-0000000)     │
│              주   소 : 경기도 부천시 [  ]번지       │
│                                                     │
│  채권액 : 금      일억원정 (₩100,000,000)          │
│                                                     │
│       위 당사자 사이에 다음과 같이 근저당권 설정계약을 체결함. │
│                                                     │
│  ┌───────────────────────────────────────────────┐ │
│  │               【부동산 목록】                  │ │
│  │  경기도 부천시 [    ][    ] 제00층 제0000호    │ │
│  └───────────────────────────────────────────────┘ │
│                                                     │
│  제 1 조 [근저당권의 설정]                          │
│     채무자가 채권자에 대하여 현재 부담하는 또는 장래 부담하게 될 채무(이하 '본 채무'라고 함)를 │
│     담보하기 위하여 설정자 소유 위 목록에 채권액 금 일억원(₩100,000,000)의 근저당권을 설정함. │
│                                                     │
│  제 2 조 [변제방법, 이자 등]                        │
│     본 채무에 대한 이자의 지급시기와 지급방법, 변제방법 등은 채권자와 채무자간 상호 합의에 의함. │
│                                                     │
│  제 3 조 [제 절차의 이행과 비용] 채권자는 이 계약에 의한 근저당권의 설정, 변경, 경정, 이전, 이관 등에 │
│     관한 등기, 등록 기타의 모든 절차를 청구할 때에는 저 절차에 관한 비용을 부담하겠음. │
│                                                     │
└─────────────────────────────────────────────────────┘
```

Step 2 등록면허세를 납부한다.

납부 방법은 ① 관할지 시·군·구청 세무과 방문 ② 인터넷 위택스 납부, 두 가지가 있다.

① 관할지 시·군·구청 세무과를 직접 방문, 등록면허세 신고서를 작성해 제출하면, 등록면허세 납부고지서를 발급해 준다. 납부고지서를 들고 관청 내 은행에서 납부한 후 '등록면허세 영수필확인서'를 받아오면 된다.

TIP | 지방세 vs 국세

소유권이전등기나 근저당설정등기에 필요한 취득세·등록면허세 납부를 위해 관할세무서를 가지 않고 왜 관할 시·군·구청 세무과에 갈까?

그 이유는 취득세·등록면허세·재산세는 지방세이기 때문이다. 반면, 종합부동산세, 양도소득세는 국세이기에 신고하려면 관할세무서로 가야 한다.

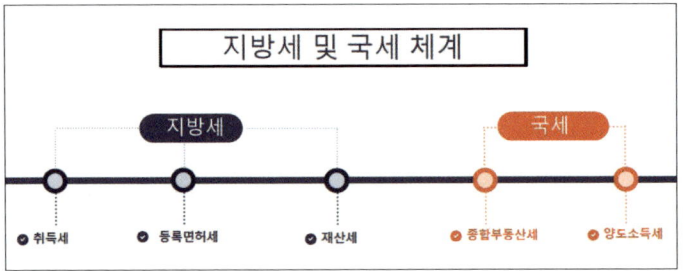

필자도 셀프등기 초창기에는 취득세영수필 확인증을 받기 위해 관할 시군구청이 아니라 관할세무서로 갔다가 허탕 친 적이 있다! 누구나 깨지면서 배운다!

② 인터넷 위택스 납부 방법을 알아보도록 하겠다.

1) 위택스 홈페이지(www.wetax.go.kr)에 들어간다.

② 등록면허세 등록분을 클릭한다.

③ 과세정보에서 '저당권설정'을 클릭한 후 구비서류를 하나씩 첨부한다.

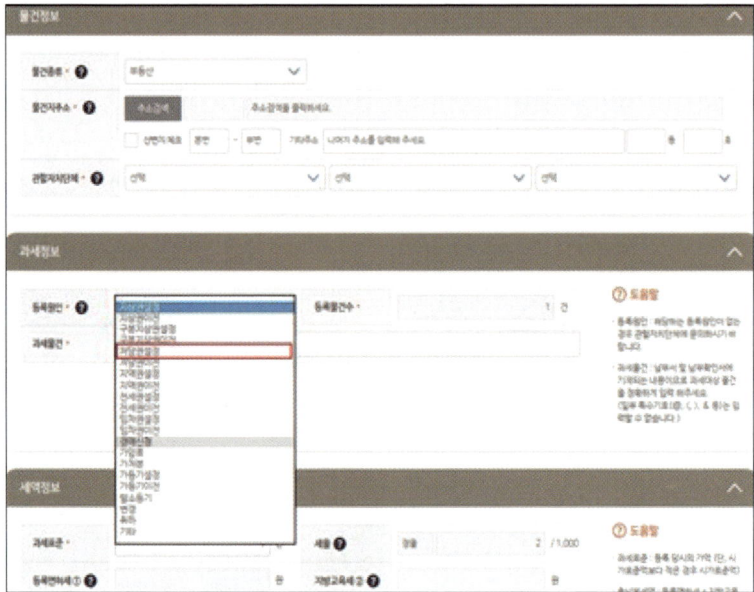

④ 과세표준금액을 적는다.

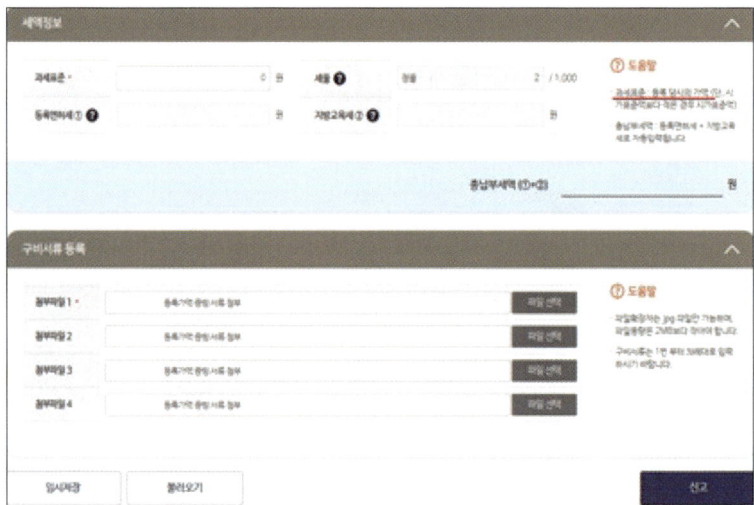

과세표준이란 취득자가 신고한 취득 당시의 가액을 말한다. 단 신고가액이 없거나 신고가액이 시가표준액보다 적을 때에는 그 시가표준액으로 한다. 시가표준액이란 '부동산 가격공시에 관한 법률'에 따라 공시된 가액이다.

부동산 과세표준액을 확인하는 방법은 ① 국토교통부 부동산 공시가격 알리미 사이트 접속 ② 관할 시·군·구청 홈페이지접속 ③ 지방세 담당자 전화 문의 등을 통해 확인하면 된다.

부동산 가격을 나타내는 용어는 참 많다. 실거래가, 기준시가, 공시지가, 시가표준액 등등. 헷갈리기 쉬우니 자세히 살펴보도록 하자.

TIP | 실거래가, 기준시가, 공시지가, 시가표준액

실거래가는 부동산 매도 후 차익에 대해 세금을 부과하는 양도소득세 산정 기준이 되는 가격이다. 2006년 1월부터 부동산 매매 및 분양권 전매거래 시 매매 실거래가를 관할세무서에 신고하도록 의무화했고, 2020.2.21.부터는 계약일로부터 30일 이내에 실제 거래 가격으로 시·군·구청에 신고해야 한다. 국토교통부 실거래가 공개시스템에 들어가 보면 이러한 실거래가에 대한 상세내역을 확인할 수 있다.

기준시가는 종부세·양도세·상속세·증여세의 기준이 되는 부동산 가격산정 기준으로 토지와 건물을 모두 합한 전체 재산에 대한 감정가를 의미한다. 아파트 등 공동주택은 4월, 일반주택은 1년에 한 번, 오피스텔 및 상업용 부동산은 매년 12월 말에 국세청에서 고시한다.

공시지가는 토지에 적용되는 것으로 표준지 공시지가와 개별공시지가로 나뉜다. 모든 땅에 가격을 책정할 수 없기에 표준이 되는 토지를 선정해 표준지 공시지가로 고시하는데, 매년 1월 1일 기준표준지의 단위면적 당 가격을 조사해 고시한다. 반면 개별공시지가는 표준지 공시지가를 기준으로 시·군·구청장이 공시하는 개별토지의 단위 면적당 가격이다. 양도세, 상속세, 종합토지세 등 각종 세금 산정의 자료로 쓰인다. 공시지가는 국토교통부 부동산공시가격알리미(www.realtyprice.kr)에서 확인 가능하다.

시가표준액은 종합부동산세, 취득세, 재산세 등 지방세 산정 시 활용되는 기준인데 시·군·구청장이 고시한다. 실거래가는 국토교통부 사이트에서 확인 가능하며, 기준시가는 국세청에서, 시가표준액은 위택스(www.wetax.go.kr)에서 확인 가능하다.

Step 3 국민주택채권 매입·매도하기

근저당권설정등기신청서를 작성하기 전에 법원 안에 있는 신한은행에 가서 국민주택매입채권을 매입 후 즉시 매도한다(요령은 이전의 '소유권이전등기' 절차 편 참조).

국민주택채권 매입금액은 근저당설정금액별로 다른데, 예를 들어 1억 설정 시 100만 원짜리를 사면 된다. 매입한 국민주택채권은 바로 매도한다!(설정금액의 10/1000, 즉 1억 원은 100만 원, 2억원은 200만 원짜리를 산다)

최종적으로 등록면허세(등록세와 교육세) 및 등기신청수수료, 국민주택매입채권 영수증을 차례로 준비한 후에 근저당권설정등기신청서 2페이지로 넘어가서 순서대로 공란을 채우자!(채권번호 등을 입력해 작성한다)

Step 4 등록면허세 영수필확인서 발급

여타 등기절차와 같이 먼저 등록면허세와 지방교육세를 납부해야 한다. 관할구청에서 등록면허세 신청서를 작성하면 고지서를 발급해준다. 이를 들고 은행에서 납부한다. 인터넷 위택스 납부절차는 동일하니 다른 장을 참고하자. 1억 원 근저당설정등기 관련 등록면허세는 20,000원이다.

Step 5 등기신청수수료 영수필확인서 발급

법원등기소 내에 설치된 무인발급기를 통해 발급하면 3,000원이면 된다. 필자의 경우 등록면허세 영수필확인증은 인터넷으로 발급하고 등기신청수수료는 그냥 무인발급기에서 발급받는다. 편한 대로 하면 된다!

Step 6 다음의 표본을 보고 근저당설정등기신청서를 작성

〈 근저당설정등기신청서 1페이지 〉

⑩ 등 록 면 허 세	금	000,000	원
⑩ 지 방 교 육 세	금	000,000	원
⑩ 농 어 촌 특 별 세	금	000,000	원
⑪ 세 액 합 계	금	000,000	원
⑫ 등 기 신 청 수 수 료	금	30,000	원
	납부번호 : 00-00-00000000-0		
	일괄납부 : 건		원
⑬ 국민주택채권매입금액	금	000,000	원
⑭ 국민주택채권발행번호	○ ○ ○		

⑮ 등기의무자의 등기필정보

부동산고유번호	1102-2006-002095	
성명(명칭)	일련번호	비밀번호
이대백	Q77C-LO7I-35J5	40-4636

⑯ 첨 부 서 면

- 근저당권설정계약서   1통
- 등록면허세영수필확인서   1통
- 등기신청수수료 영수필확인서 1통
- 인감증명서 또는 본인서명사실
  확인서   1통
- 등기필증   1통

- 주민등록표등(초)본   1통
- 위임장   통
〈기 타〉

2014년 1월 2일

⑰ 위 신청인 이 대 백 ㊞ (전화 : 200-7766)
          김 갑 동 ㊞ (전화 : 212-7711)

(또는)위 대리인   (전화 :   )

서울중앙 지방법원   등기국 귀중

〈 근저당설정등기신청서 1페이지 〉

근저당설정등기신청서 2페이지 작성

⑩ 등록면허세: 등록면허세 영수필확인서에 나온 등록면허세·지방교육세·농어촌특별세 금액을 기재한 후 ⑪세액 합계 기재

⑫ 등기신청수수료: 등기신청수수료 영수증 금액과 납부번호를 쓴다.

⑬ 국민주택매입채권 매입금액과 발행번호를 쓴다.

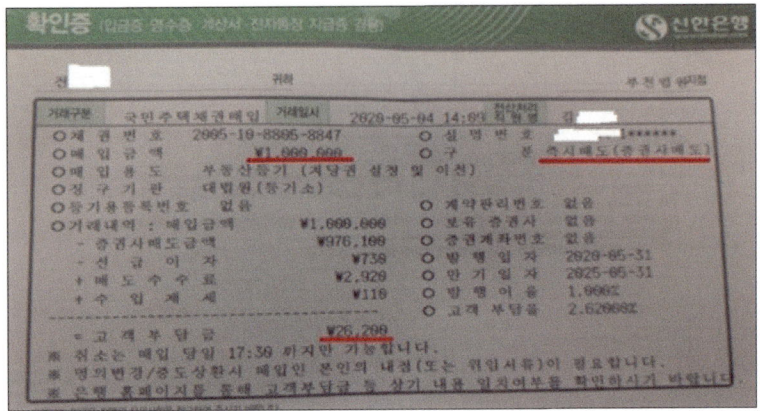

⑮ 등기의무자의 등기필정보: 부동산 등기필증 앞장에 보이는 보안인증스티커를 과감히 제거한다. 제거하면 보이는 부동산고유번호와 일련번호와 비밀번호를 적으면 된다. 이때 비밀번호는 아무거나 상관없다.

작성이 완료되면 첨부자료를 순서대로 차곡차곡 철하여 등기필증과 함께 법원등기소 접수대에 제출하면 끝!(참고로 법원등기소 안에는 등기업무를 도와주는 민원담당관이 있으니 접수대에 제출하기 전에 확인을 받자!)

TIP | 전세권 등기 vs 근저당권 등기, 장단점은?

상가물건을 경매로 낙찰받아보면 어떤 물건은 실제로는 전세임차인인데 등기부등본상에는 근저당권자로 되어 있다.

예를 들어 필자가 10여 년 전에 낙찰받은 인천의 한 상가의 경우, 임차인인 주식회사 대상은 4억 원 전세계약자인데 등기부등본 을구란에는 근저당권 설정등기가 되어 있다. 왜 전세임차인은 전세권 대신에 근저당권설정등기를 해 두었을까?

| 4 | 근저당권설정 | 2006년10월20일 제93076호 | 2006년10월20일 설정계약 | 채권최고액 금400,000,000원
채무자 ㈜주식회사
인천 연수구 청학동 503-1 아리츠브라자 -406
근저당권자 대상주식회사 110111-0327125
서울 동대문구 신설동 96-48
공동담보 건물 인천광역시 부평구 삼산동 블럭2-4
"그브라자 제10층 제1002호.
건물 인천광역시 부평구 삼산동 블럭2-4
"그브라자 제10층 제1003호. |
| 5 | 근저당권설정 | 2008년1월4일 제722호 | 2008년1월4일 추가설정계약 | 채권최고액 금84,000,000원
채무자 ㈜주식회사 |

보증금 회수면에서는 근저당권이나 전세권이나 본질적으로 제한물권으로 임대인이 보증금 반환을 해주지 않을 경우 별도의 소송절차 없이 바로 임의경매칠 수 있다는 점에서 큰 차이는 없다.

다만, 경매배당 시 약간의 차이가 발생할 수 있다. 근저당권자는 우선순위에 따라 보증금 전액을 배당받겠지만 전세권자는 건물분에 대해서만 배당받게 된다. 즉 보증금 회수면에서는 근저당권 설정등기가 더 유리할 수 있다. 이로 인해 필자가 경험했던 상당수 낙찰상가들의 경우, 전세임차권자들이 전세권 설정이 아니라 근저당권설정등기를 한 사례를 종종 보게 된다.

근저당권설정 해지하기

이번에는 근저당권을 전부 상환했을 경우 근저당설정을 해지하는 방법을 알아보겠다.

첫째, 근저당 말소등기 서류를 준비해야 한다.

1	근저당말소등기 신청서
2	해지증서
3	등록면허세 영수필확인서
4	등기신청수수료 영수필확인서
5	등기필증
6	위임장

Step 1 근저당말소등기 신청서 작성하는 방법

1) 대법원인터넷등기소에서 근저당말소등기 신청서를 출력한다.

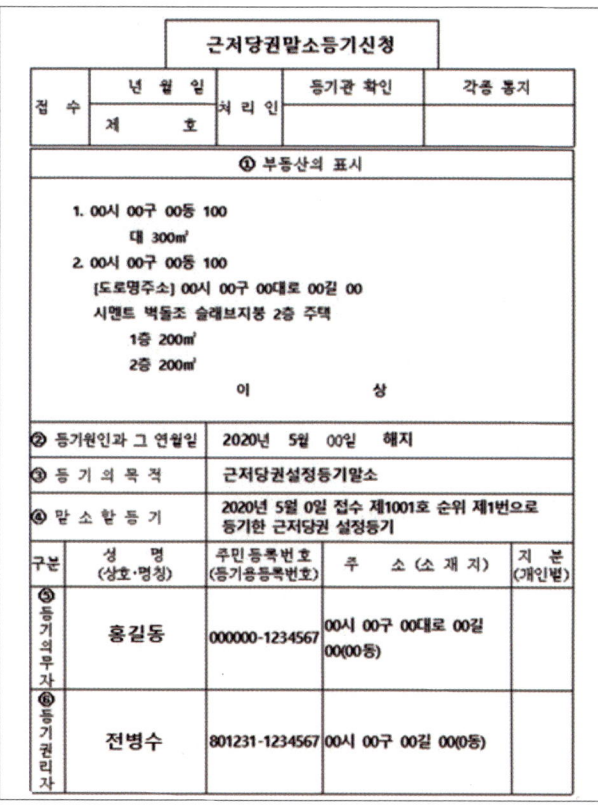

등기　　　　　　　　　　　　　　　　　　　　　　231

① 부동산의 표시를 적는다. 등기부등본이나 등기필증을 보고 있는 그대로 적어나가면 된다.
② 등기원인과 그 연월일: 해지증서에 있는 계약해지일을 적는다.
③ 등기의 목적란에는 '근저당권설정등기말소'라고 적는다.
④ 말소할 등기에는 등기부등본을 찾은 후에 '접수일자와 몇 호 몇 번' 등 근저당설정정보를 찾아서 적는다.

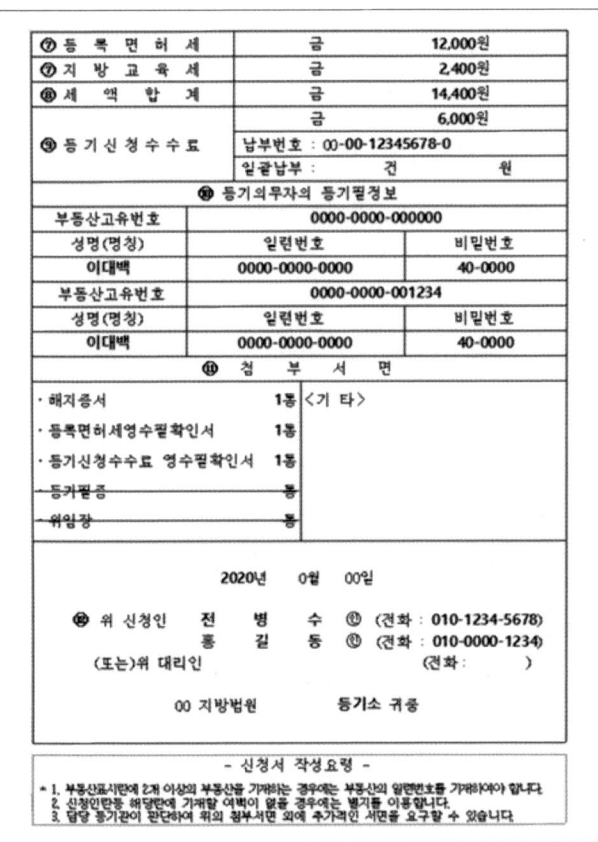

⑤ 등기의무자는 근저당권자로 돈을 빌려준 채권자다.

⑥ 등기권리자는 근저당권설정자(부동산소유자)로 돈을 빌린 채무자다.

⑦ 등록면허세와 지방교육세: 등록면허세 영수필확인증을 보고 적는다.

⑧ 세액합계: 등록면허세 + 지방교육세 합계금액을 적는다.

⑨ 등기신청수수료: 등기신청수수료 영수필확인증을 보고, 납부번호와 납부금액을 적는다.

⑩ 등기의무자의 등기필정보: 등기필증에 있는 그대로 부동산 고유번호, 성명, 일련번호, 비밀번호를 적습니다. 이때 비밀번호를 적는 요령은 등기필증 스티커를 떼어낸 후 마음에 드는 비밀번호 하나를 적는다.

⑪ 첨부서면

등기의무자와 등기권리자가 함께 방문할 경우에는 위임장이 필요 없으나, 등기권리자 단독으로 신청할 경우 또는 법무사 등 대리인이 신청할 경우 위임장을 작성해야 한다. 필자는 채권자와 함께 방문했기에 위임장을 생략했으나 단독으로 온다면 위임장 양식을 추가로 작성하면 된다.

⑫ 위 신청인: 등기의무자, 등기권리자 모두 각각 기명날인을 하고 연락처를 적어둔다. 연락처를 정확히 적어야 등기관이 신청서를 살펴보고 잘못된 오기를 발견하면 연락할 수 있다!

작성이 다 끝나면, 신청서가 총 2장이므로 간인한다. 간인하는 요령은 앞장을 반쯤 접어서 두 사람의 도장을 함께 찍으면 된다.

Step 2 해지증서 작성하기

은행의 근저당권을 말소할 때는 대출을 실행한 은행에 해지증서를 신청하면 발급해준다. 이번 경우는 개인 간의 근저당권이기에 인터넷

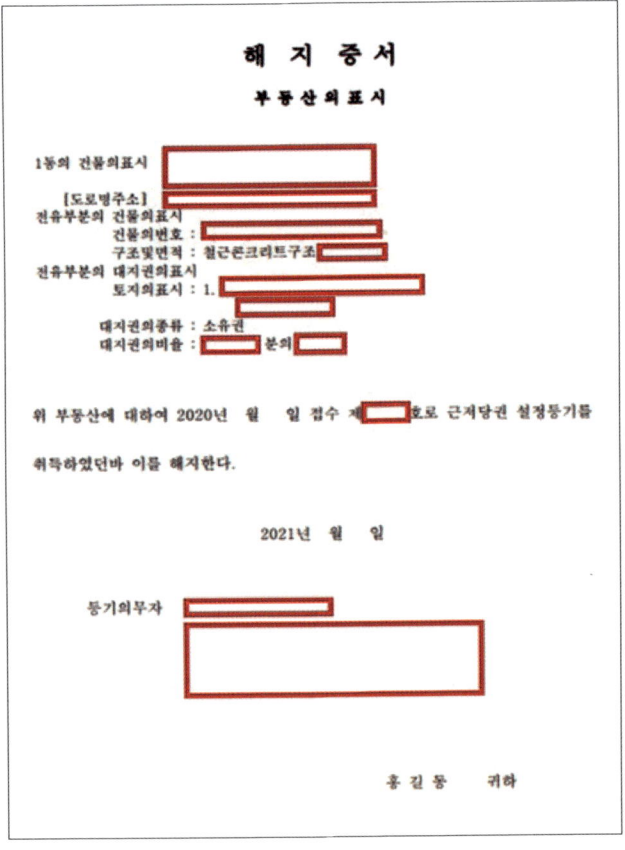

등기소에 접속해 자료센터에서 해지증서 양식을 작성받아 작성키로 한다.

Step 3 등록면허세 영수필확인서 발급

여타 등기절차와 같이 먼저 등록면허세와 지방교육세를 납부해야 한다. 관할구청에서 등록면허세 신청서를 작성하면 고지서를 발급해 준다. 이를 들고 은행에서 납부한다. 인터넷 위택스 납부절차는 동일하니 다른 장을 참고하자. 1억 원 근저당설정등기 관련 등록면허세는 20,000원이다.

Step 4 등기신청수수료 영수필확인서 발급

법원등기소 내에 설치된 무인발급기를 통해 발급하면 3,000원이면 된다. 필자의 경우 등록면허세 영수필확인증은 인터넷으로 발급하고 등기신청수수료는 그냥 무인발급기에서 발급받는다. 편한 대로 하면 된다!

Step 5 위임장 작성하기

원칙적으로는 법원등기소에 등기권리자와 등기의무자 모두 출석해 해지절차를 처리해야 한다. 등기권리자 단독으로 근저당 해지절차를 진행할 경우에는 위임장을 작성해야 한다. 이 경우, 인터넷등기소 자료센터에서 위임장 양식을 다운받아 작성하면 된다. 컴퓨터로 근저당말소등기신청서 작성 시 미리 작성해둔 부동산 표시나 등기권리자 내용 등을 '붙여넣기' 기능을 이용해 위임장에 옮겨 넣으면 매우 편리하다.

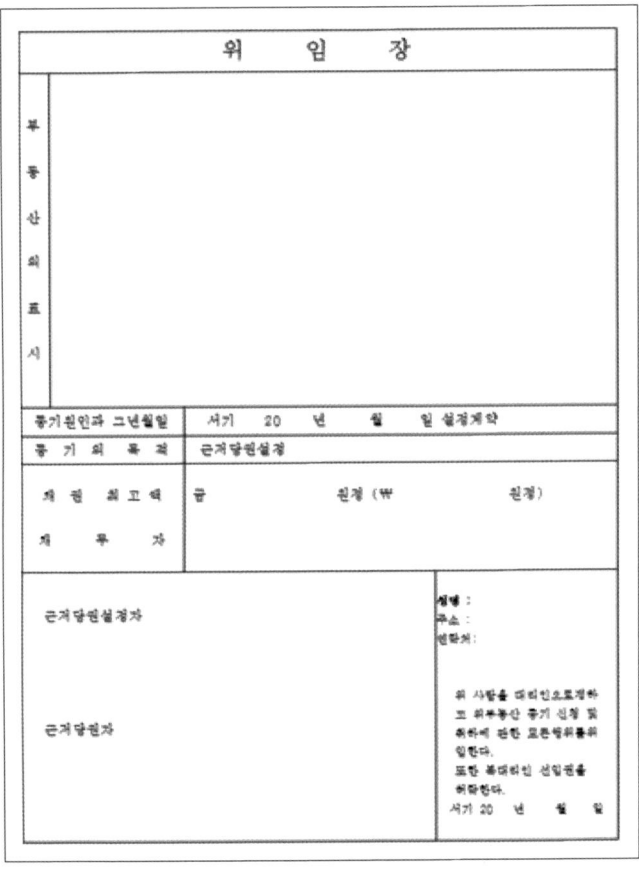

모든 서류가 완비되면 잘 철해서 등기소 접수창구에 제출하면 끝!

등기 원본을 분실하였을 때

 부동산 등기 원본은 재발급이 안 되니 잘 보관해야 한다. 그런데 살다 보면 종종 중요한 서류를 분실할 때도 있다. 이럴 때 과연 어떻게 해야 할까?

 크게 두 가지 방법이 있다. 법무사를 통해서 할 경우 확인서면을 작성하면 되고, 직접 할 경우 확인조서를 작성하면 된다.

확 인 서 면

등기할 부동산의 표시			
경기도 고양시 덕양구 00동 000-0 000빌딩 제0층 제000호 전유부분의 건물의 표시 1. 건물의 번호: 0-000 2. 구조및 면적: 철근 콘크리트조 제0층 000.00㎡ 전유부분의 대지권의 표시 1. 토지의 표시 경기도 고양시 덕양구 00동 000-0 대 667.8㎡ 경기도 고양시 덕양구 00동 000-0 대 665.9㎡ 대지권의 종류: 소유권 대지권의 비율: 1729.7분의 39.92			
등기 의무자	성 명	전화수	등기의 목적
	주 소	00시 00구 00로 00, 000동 0000호(00동, 00아파트)	
	주민등록번호	000000-1234567	
본인확인 정보			
특기사항			
필적기재	본인은 위 등기의무자와 동일인임을 확인합니다		성 명
우 무 인			

위 본인확인정보에 따라 등기의무자들 본인임을 확인하고 「부동산등기규칙」 제111조제3항의 규정에 따라 이 서면을 작성하였습니다.

2021년 0월 0일

변호사 법무사   (인)

확 인 조 서

등기할 부동산의 표시				
등기 의무자	성 명		신청서 접 수	년 월 일 제 호
	주민등록 번호		등기의 목적	
	주 소			
첨부서면	주민등록증사본, 여권사본, 자동차운전면허증사본			
등기사항				
우 무 인				

위 첨부서면의 원본에 의하여 등기의무자 본인임을 확인하고 「부동산등기법」 제49조 제2항의 규정에 의하여 이 조서를 작성함.

년 월 일

지방법원   등기과(소)
등기관   (인)

법인 본점 주소이전등기 신청하기

법인의 경우 본점주소지가 변경될 경우, 반드시 15일 안에 주소변경등기 신청을 해야 한다. 해태 시 잘못하면 500만 원 이상의 과태료가 부과된다. 주소변경등기는 그리 어렵지 않으니 셀프로 진행해보자.

Step 1 먼저 필요한 서류를 준비하자.

1	법인 본점 주소이전등기신청서
2	본점 이전결정서(또는 공증받은 이사회의사록, 주주총회의사록)
3	등록면허세 영수증
4	등기신청수수료 영수증
5	대표이사 신분증

Step 2 법인 본점 이전등기 신청서를 작성한다.

1) 대법원 인터넷등기소에서 →자료센터 →등기신청양식을 누른다.

2) 법인등기에서 '본점이전등기' 양식을 다운받는다.

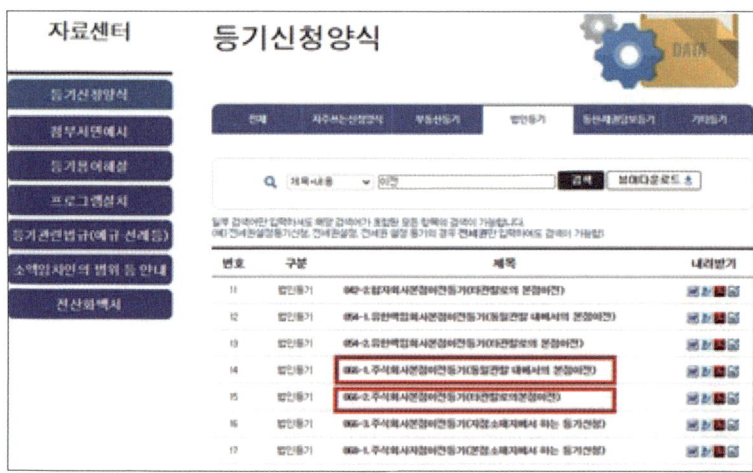

Step 3 법인 본점 주소이전등기신청서를 작성해보자

주식회사본점이전등기신청

접 수	년 월 일	처 리 인	등기관 확인	각종 통지
	제 호			

①상 호	타올□□ 주식회사	②등기번호	□□□
③구 본 점	경기도 일포시 □□□□□□□□□□□□□□		
④등기의목적	본점 이전등기		
⑤등기의사유	2021년 6월 2일 본점을 이전하였으므로 다음사항의 등기를 구함		
⑥본/지점 신청구분	1.본점신청 □ 2.지점신청 □ 3.본·지점 일괄신청 □		

등 기 할 사 항

⑦신 본 점	경기도 일포시 □□□□□□□□□□□□□□
⑧본점을 이전한 뜻과 그 연월일	2021년 6월 2일
⑨지배인을 둔 장소를 이전한 뜻(본점에 지배인을 두고 있는 경우)	
기 타	

등기

등기신청서 1페이지 작성 요령

① 상호, 즉 회사 이름을 정확히 쓴다.

② 법인등기부등본 상에 나와 있는 등기번호를 적는다.

③ 구본점 주소를 쓴다.

④ 등기의 목적: '본점 이전등기'라고 쓴다.

⑤ 등기의 사유: '2021년 0월 00일 본점을 이전하였으므로 다음 사항의 등기를 구함'이라고 입력한다.

⑥ 본지점 신청구분: 1.본점신청에 'V'한다.

⑦ 신본점: 새로 바뀐 주소를 적는다.

⑧ 본점을 이전한 뜻과 그 연월일: 2021년 0월 0일이라고 쓴다.

등기신청서 2페이지 작성 요령

납부한 등록면허세와 등기신청수수료 납부영수증을 보고 금액, 납부번호 등을 하나씩 적는다. 신청인주소에는 바뀐 본점주소를 적은 후에 법인인감 및 대표이사 기명날인하면 된다.

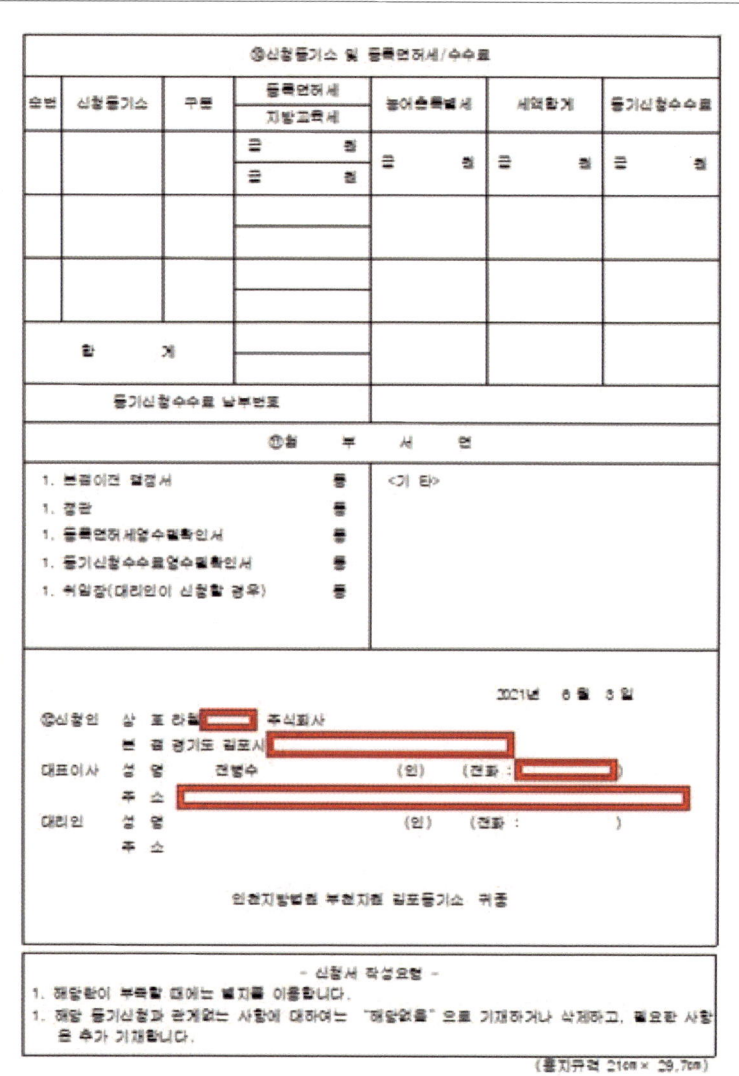

TIP | 등록면허세와 등기신청수수료 납부 요령

1) 등록면허세 납부 방법은 ① 관할지 시·군·구청 세무과 직접 방문 ② 인터넷 위택스 납부, 두 가지가 있다.

① 관할지 시·군·구청 세무과 방문

　예를 들어 부천일 경우 시청 세무과에 가서 등록면허세 신고서를 작성해 제출하면 등록면허세 고지서를 준다. 이걸 들고 시청 안에 있는 농협에서 납부한 다음에 납부영수증을 들고 오면 된다.

② 인터넷 위택스 납부

　근저당권설정등기 편에서 자세히 설명했기에 생략하도록 하겠다.

2) 등기신청수수료 납부:

① 인터넷등기소 사이트에 접속 후, 전자납부를 눌러 납부하면 된다.

Step 4 본점 이전결정서 작성하기

공증받은 이사회의사록이나 주주총회의사록을 작성해야 하나, 돈과 시간이 안 드는 간단한 방법인, 본점 이전결정서로 대체하겠다. 다음과 같이 간단히 작성해 대표이사 기명날인한다.

결정서

라쉘▨▨ 주식회사 대표이사 전병수는 본 회사의 본점 소재지를 아래의 장소로 이전하기로 결정함

= 아래 =

현재 본점	경기도 김포시 ▨▨▨▨▨▨
본점 이전장소	경기도 김포시 ▨▨▨▨
이전 날짜	2021.6.2

위 결정을 명확히 하기 위하여 이 본점이전 결정서를 작성하고 대표이사가 기명날인한다.

2021. 6. 2.

라쉘▨▨ 주식회사
대표이사   전병수   (인)

법인 본점 주소이전등기신청서, 이전결정서, 등록면허세, 등기신청 수수료 영수증 등 모든 서류가 준비되면 관할법원등기소 접수처에 제출하면 된다. 반나절 정도만 수고하면 간단히 끝난다.

　법인 본점주소지 변경, 대표이사 주소변경이나 임원 사망 등에 따른 변경등기는 법무사에게 맡겨도 되지만 본인이 직접 하면 경비도 절약하고 법원 절차도 잘 이해할 수가 있으니 몸소 발로 뛰면서 익히자!

법인 임원 주소변경등기 신청하기

법인 대표이사 주소지변경 시 반드시 15일 안에 주소변경등기 신청을 해야 한다. 등기신청 해태 시 200만 원 이상의 과태료가 부과된다. 법인 임원들이 가장 쉽게 잊어버리는 게 대표이사 주소변경등기다.

주소변경등기 요령은 간단하지만 법무사에게 맡기면 30만 원 정도 드는데, 본인이 셀프로 할 경우 반나절 정도만 수고하면 된다.

Step 1 먼저 필요한 서류를 준비하자.

1	임원 주소변경등기신청서
2	등록면허세 영수증
3	등기신청수수료 영수증
4	대표이사 주민등록초본
5	대표이사 신분증

Step 2 임원 주소변경등기 신청서를 작성한다.

1) 대법원 인터넷등기소에서→자료센터→등기신청양식을 누른다.

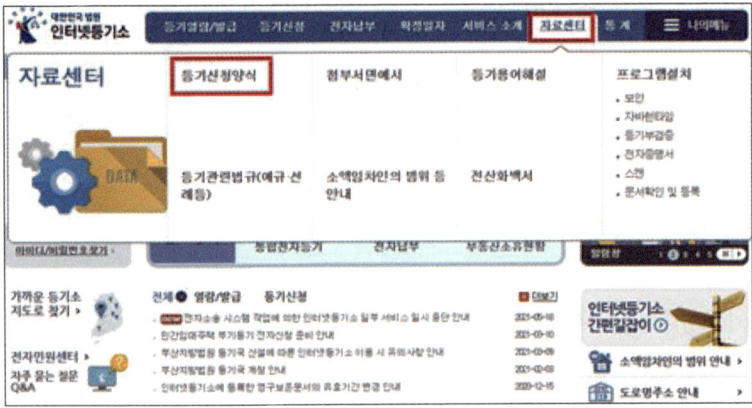

2) 법인등기에서 '변경등기 대표이사 주소변경' 양식을 다운받는다.

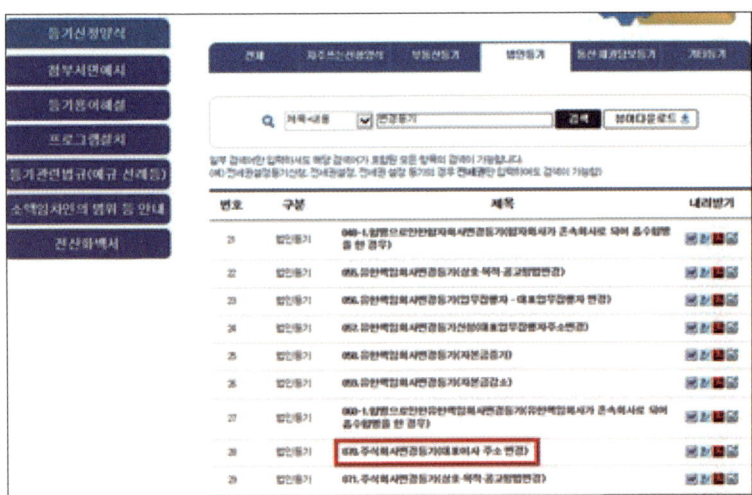

3) 대표이사 주소변경신청서 작성란에서

등기의 목적란에는 '사내이사 주소변경 등기'라고 쓰고,

등기의 사유란에는 '0000년 0월 0일 사내이사 ㅇㅇㅇ의 주소가 변경되어 다음 사항의 등기를 구함'이라고 입력한다.

Step 3 등록면허세와 등기신청 수수료를 납부한다.

1) 등록면허세 납부 방법은 ① 관할지 시·군·구청 세무과 직접 방문 ② 인터넷 위택스 납부, 두 가지가 있다.

① 관할지 시·군·구청 세무과 방문

예를 들어 부천일 경우 시청 세무과에 가서 등록면허세 신고서를 작성해 제출하면 등록면허세 고지서를 준다. 이걸 들고 시청 안에 있는 농협에서 납부한 다음에 납부영수증을 들고 오면 된다.

② 인터넷 위택스 납부

이전 근저당권설정등기 편에서 자세히 설명했기에 생략하겠다.

2) 등기신청 수수료는 인터넷등기소 사이트에 접속한 후, 전자납부 버튼을 눌러 납부하면 된다.

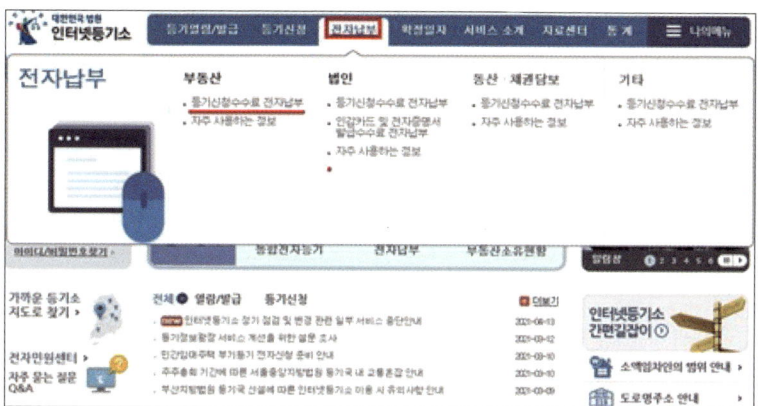

4. 등록면허세와 등기신청 수수료를 납부하고 영수증을 확보하면, 납부한 2개 영수증을 첨부한 후에 e-form신청서와 과거 이력이 나온 주민초본을 뗀 후에 관할법원등기소에 가서 직접 접수하면 끝!

법인 임원변경등기 셀프로 진행하기

법인은 이사, 감사 등 임원이 있을 경우 3년마다 대표이사, 이사, 감사 등을 재선임해 변경등기를 해야만 한다. 이때 법인정관으로도 3년의 기간을 바꿀 수는 없고, 만약 3년이 지나도 변경등기를 하지않을 경우 과태료 부과 대상이 된다.

임원변경등기 종류	
취임등기	임원이 법인회사에 새로 등록될 경우 신청
중임등기	임원임기가 종료된 이후에도 계속해서 임원직을 이어나갈 경우 신청
퇴임등기	3년의 임원직을 모두 채우고 그만둘 때 신청
사임등기	3년의 임원직을 채우지 못하고 그만둘 때 신청

먼저, 임원변경등기에 필요한 서류를 준비토록 한다..

1	임원변경등기신청서
2	주주 전원 서면결의서
3	각 임원 사임서
4	각 임원 취임승낙서
5	법인정관
6	등록면허세 영수증
7	등기신청수수료 영수증
8	대표이사 인감증명서
9	주민등록등초본

Step 1 임원변경등기신청서를 작성한다.

1) 대법원 인터넷등기소에서 임원변경등기신청서를 다운받는다.

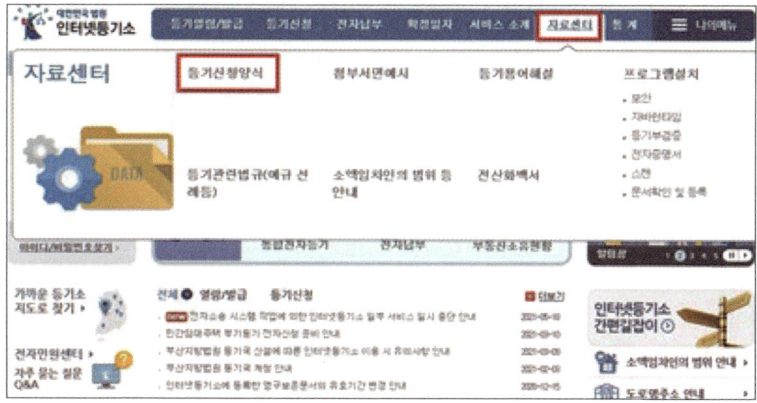

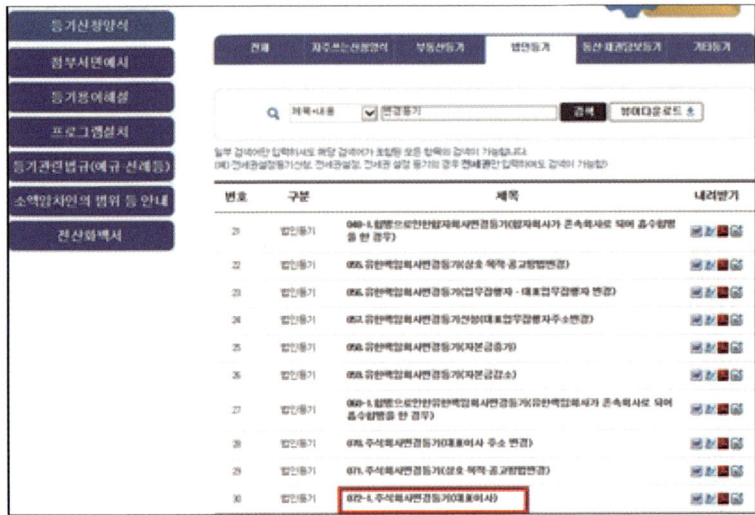

2) 임원변경등기신청서 작성 요령

원칙상 중임등기를 해야 하나, 필자의 경우 대표이사 변경등기기간이 약간 지났기에 같은 날에 사임 후 취임하는 형식으로 작성했다.

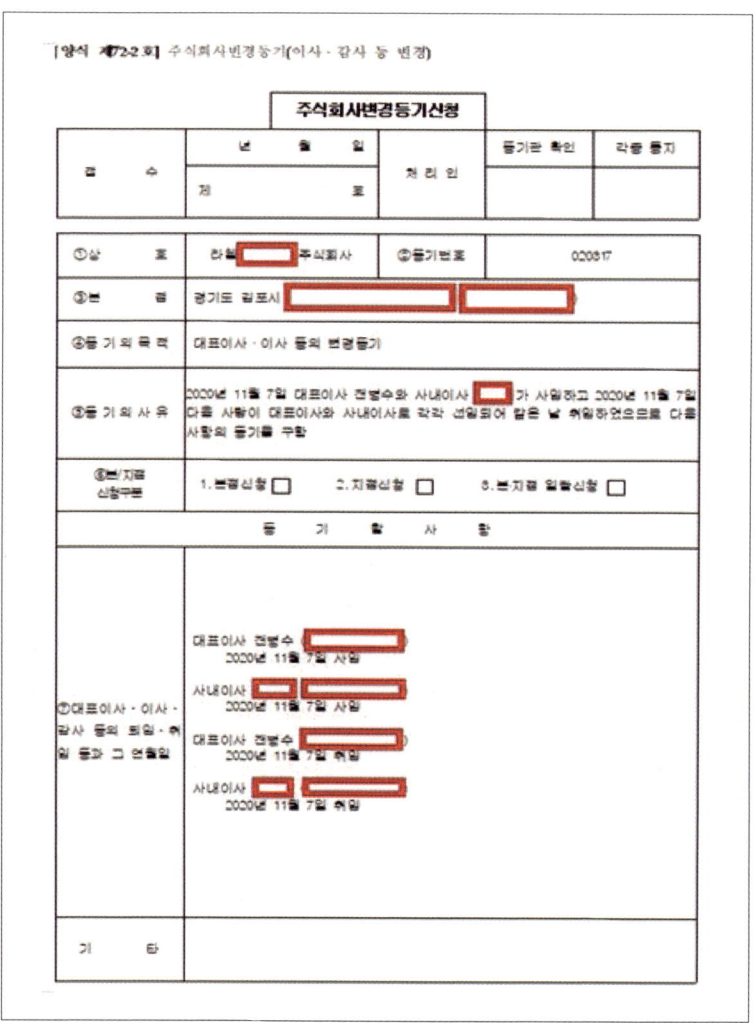

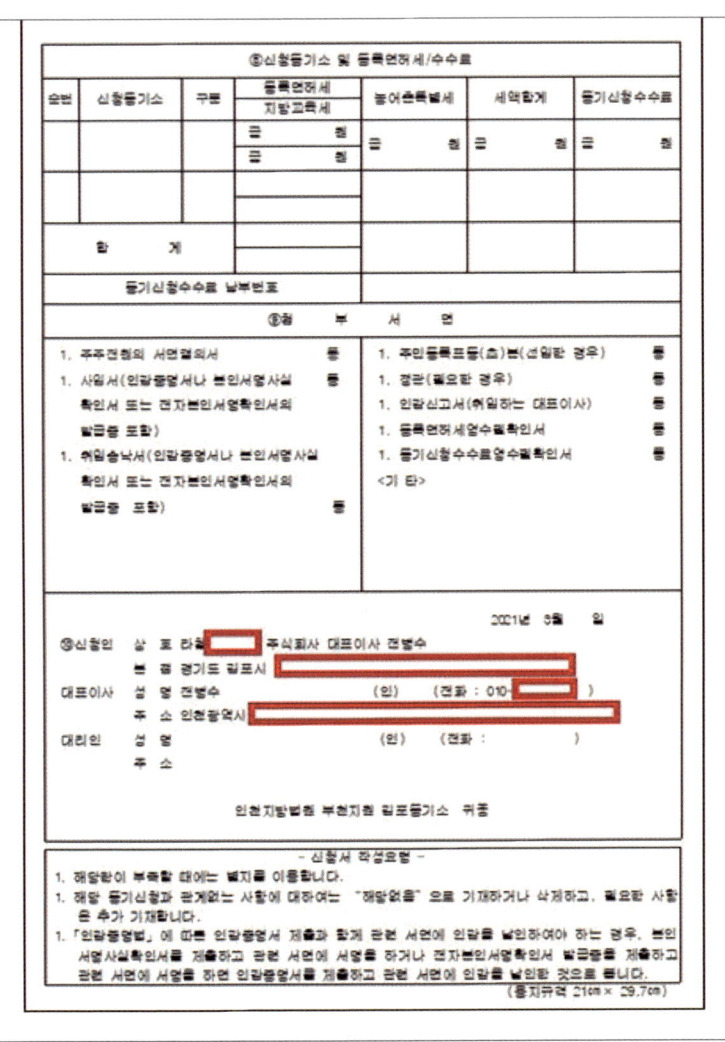

Step 2 각 임원 사임서와 취임승낙서를 작성한다.

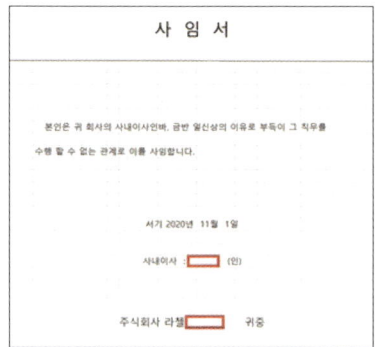 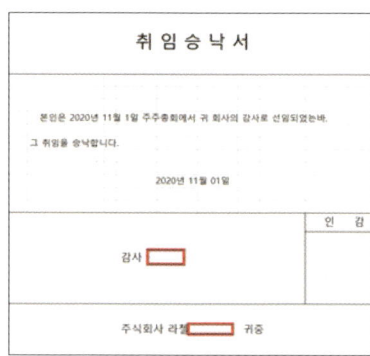

Step 3 주주 전원의 서면결의서를 작성한다.

법인의 임원과 회사 간의 관계는 위임관계이므로 '임원을 선임한다'는 내용의 결의와 승낙이 필요하다.

대표이사는 이사회의 결의로 선임하고, 이사 및 감사는 주주총회의 보통결의로 선임한다. 다만, 정관에 주주총회의 결의로 선임하도록 정해져 있는 경우 주주총회 결의로 선임할 수 있다. 필자법인의 경우 주주총회 결의에 갈음하여 주주 전원 서면결의서로 대체하겠다.

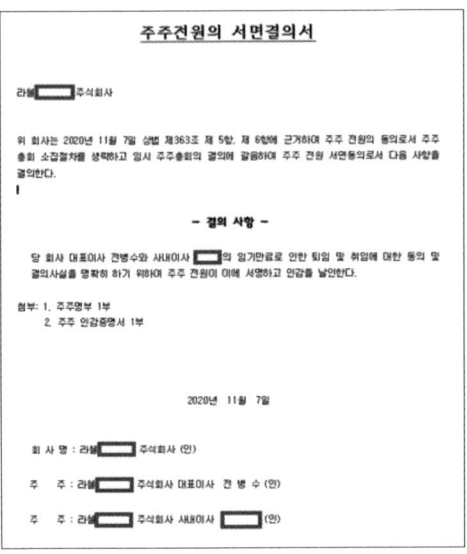

Step 4 등록면허세와 등기신청수수료 영수증 발급받기

1) 등록면허세 납부 방법은 ①관할지 시·군·구청 세무과 직접 방문 ② 인터넷 위택스 납부, 두 가지가 있다.

① 관할지 시·군·구청 세무과 방문

관할 시·군·구청 세무과에 가서 등록면허세 신고서를 작성해 제출하면 등록면허세 고지서를 준다. 이 고지서를 들고 농협 등 금융기관에서 납부한 다음에 납부영수증을 들고 오면 된다.

② 인터넷 위택스 납부

이전 근저당권설정등기 편에서 자세히 설명했기에 생략하겠다.

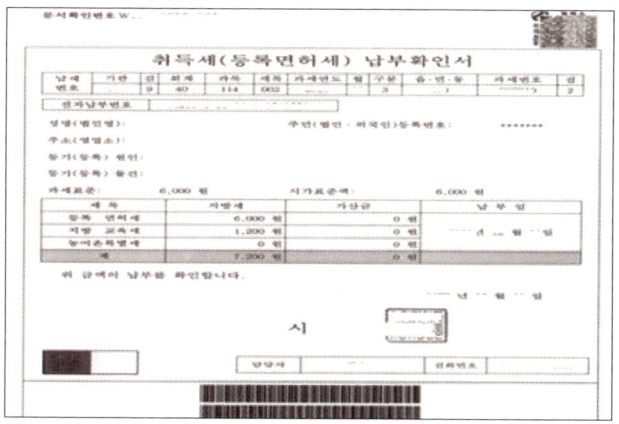

2) 등기신청수수료는 인터넷등기소 사이트에서 접속한 후, 전자납부 버튼을 눌러 납부하면 된다.

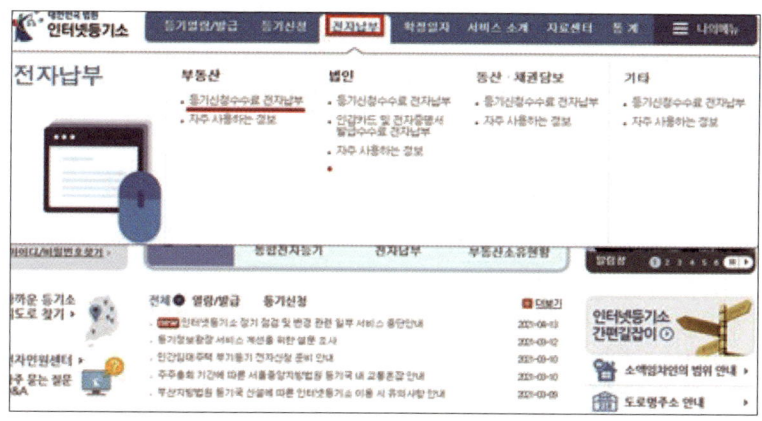

Step 5 법인정관 및 인감증명서와 주민등록등초본 등 관련 서류를 모두 구비한 후 법원등기소에 가서 제출하면 끝!

- 5장 -
전세

전세제도와 경매에 대한 고찰

 한국 사회에서 전세제도의 기원은 불분명하나, 대체로 6·25전쟁 이후 급격한 산업화에 따른 이촌향도의 현상으로 인해 농촌에서 서울로 일자리를 찾는 인구가 몰리면서 서울의 주거 공간이 부족해지면서 민간 부문에서 발전되어온 주택 임대차의 한 형태로 보인다.

 전세제도가 발전된 주된 이유는 임대인과 임차인 모두의 수요를 충족시켰기 때문이다. 임차인 입장에서는 월세보다 상대적으로 저렴한 비용으로 세금 낼 필요 없이 원하는 지역에 살 수 있고, 저축을 통해 조금씩 전세금을 늘려나간 후에 집을 매수할 수 있기에 결국 내집마련의 징검다리 역할을 할 수 있다는 장점이 있다.

 임대인 입장에서 목돈이 필요할 경우 은행 등 금융기관에서 빌리지 않고 임차인의 전세보증금을 활용할 수 있다. 또한 월세의 경우 임차인이 경기가 안 좋아질 경우 자주 연체하는 등 월세 수금이 어려워질 수 있는 반면, 전세는 선불로 거액의 전세보증금을 받기에 월세 관리의 리스크도 줄일 수 있다는 장점이 있다.

어떻게 보면 우리나라의 전세제도는 미국 등 서구권의 선진국처럼 모기지 제도 등 공적 금융이 제대로 형성되지 않은 금융 지형에서 민간부문에서 발달해온 일종의 사적 부동산 금융이라고 할 수 있다.

하지만 전세제도는 다음과 같은 여러 가지 부작용도 가지고 있다.

첫째, 급격한 경기변동에 따른 부동산경기 불황 등 요인으로 집값과 연동하여 전셋값이 급락할 경우, 집주인이 임대차 기간 만료 이후에 전세보증금을 돌려주지 못하는 사태가 발생할 수 있기 때문이다. 이미 거액의 전세보증금을 다른 용도로 전용했을 경우 집주인은 새로 들어올 임차인의 전세보증금으로 대체하려 할 터인데, 전셋값이 급락할 경우, 보증금 전액을 돌려주지 못하는 사태가 연쇄적으로 발생할 수 있다. 얼마 전처럼 미 연준의 급격한 금리인상 등 갑작스러운 금융환경 변화 이후 발생하는 현상 중 하나가 부동산거래 실종과 함께 소위 집주인들이 보증금을 돌려주지 못하는 '깡통전세' 현상이다.

둘째, 부동산 상승기에 주로 발생하는 갭투자의 문제다. 특히 지난 정부에서 친서민정책의 일환으로 전세자금대출 지원이 빈번하면서 이와 연동해 갭투자 방법이 빈번하게 쓰였다. 가장 일차적인 갭투자 방법은 전세금과 매매가 차이가 크지 않을 경우 차액만큼 돈을 마련해 집을 매수하는 것이다. 예를 들어 4억짜리 아파트의 전세시세가 3억일 경우 본인 돈 1억만 마련하면 된다. 이 경우, 전세가가 매매가의 70%를 넘는 아파트 위주로 갭투자가 행해진다.

셋째, 좀 더 진일보한 갭투자 방법으로는 주택도시보증공사(HUG)

의 전세금 반환보증을 이용한 방법이 있다. 집주인이 선순위 대출을 먼저 받은 후에 공인중개사를 통해 전세임차인을 구할 때 주택도시보증공사HUG의 전세금 반환보증보험을 이용하는 방식이다. 계약 당시 전세임차인이 주택도시보증공사(HUG)의 전세금반환보증보험에 가입할 경우, 행여 계약만료 후 집이 경매로 넘어가더라도 임차인은 하등 걱정할 이유가 없다. 전세금반환보증보험을 들어두었기에, 임차인의 보증금은 주택도시보증공사로부터 전부 보전받게 된다. 물론 주택도시보증공사는 경매 배당절차를 통해 전세보증금을 대신해 배당받게 된다.

그런데 문제는 부동산 급락기에 집이 안 팔리고 전셋값이 급락하는 등 주택시장이 하드랜딩할 경우 수많은 전문 갭투자자들과 일부 몰상식한 전세사기범들이 전세보증금을 반환해주지 못하고 파산하면 주택도시보증공사마저 부실화될 수 있다. 마치 지난 2007년 미국의 서브프라임 모기지 사태 발생 당시 패니매 등 주택금융공사들이 잇달아 파산 위기에 빠진 경우와 매우 유사한 형태다. 전세제도와 같은 사적 금융이 발달한 우리나라의 부동산 환경에서는 주택도시보증공사의 부실화가 사회문제로 대두될 수 있다.

전세제도의 문제점과 법적 안전장치

전세제도의 가장 큰 문제는 보증금이 지나치게 높아 집주인이 파산해 경매로 넘어갈 경우, 전세보증금이 사실상 전 재산인 임차인들이 보증금을 반환받지 못하는 최악의 사태가 발생할 수 있다는 점이다.

여기서 주택임대차보호법에서 규정하는 전세임차인의 주요 권리인 '대항력'과 '우선변제권'에 대해 살펴보도록 하자.

'대항력'이란 임차인이 행사할 수 있는 가장 강력한 권리로 경매로 집주인이 바뀌더라도 임차 기간을 보장받고 보증금을 반환받을 때까지 살 수 있는 권리를 말한다. 대개 임차인은 집주인과의 전세계약완료 후 잔금을 지급함과 동시에 이사, 즉 주택의 인도를 받게 된다. 이 경우 임차인의 대항력은 이사 후 주민센터에서 전입신고를 완료한 그날 자정 0시에 발생한다.

그런데 만약 주택 인도를 받은 당일에 집주인이 임차인 모르게 은행에서 대출을 받아 근저당권을 설정하게 되면 어떻게 될까? 근저당 설정은 통상 법무사가 법원등기소에 5시까지 근저당설정 서류를 접수한

날짜에 효력이 발생하기에 만약 임차인이 전입하는 날과 동시에 근저당권을 설정할 경우, 근저당권이 우선하게 된다.

실무적으로 이런 일이 거의 발생하지 않으나, 가끔 악의적인 임대인이 교묘하게 같은 날 서류를 준비해 근저당을 설정해 둘 경우 나중에 임차인의 집이 경매에 부쳐질 경우 임차인은 하루 차이로 대항력을 행사할 수 없게 되는 등 피해를 당할 수 있다. 그래서 혹자는 이에 대한 대비책으로 전세보증금 잔금을 오후 4시경에 지불하고 입주해 오후 6시까지 동사무소에 계약서를 들고 가 전입신고를 하라고 조언을 하기도 하지만 현실적으로 이삿짐센터와의 계약 등으로 쉽지는 않은 상황이다.

'우선변제권'이란 임차인이 집주인의 파산 등에 따른 경매진행 시 후순위권리자보다 먼저 보증금을 변제받을 수 있는 권리를 말한다. 이 경우 임차인이 경매배당 절차를 통해 보증금을 우선변제 받으려면 주민센터에서 확정일자를 받아야 한다.

통상 주민센터에 계약서 원본을 들고 가서 전입신고를 하면서 확정일자 도장을 받으면 우선변제권이 생긴다. 간혹 확정일자를 잔금 치르기 전에 미리 받는 경우도 있으나, 임차인의 우선변제권은 주택 인도 시점과 확정일자 중에 늦은 날에 발생하게 된다. 따라서 미리 확정일자를 받는 건 상관이 없으나 주택에 전입하고서 깜빡하고 늦게 확정일자를 받게 되면 그만큼 우선변제권을 받는 기일이 늦어지게 된다. 요즘은 전월세 신고제가 도입되어 자동으로 확정일자를 받게 되어 문제가 없으나 예전에는 임차인의 부주의로 확정일자를 안 받을 경우, 경매라는 최악의 사태 발생 시 배당을 못 받는 경우도 있었다. 이 경우 대항력이 있는 임차인은 법원 경매 절차를 통해 우선변제를 받을 수 없어 낙찰자에게서 보증금을 변제받아야 한다.

CHECK | 최우선변제권과 소액임차보증금

주임법 제8조에 규정된 '소액임차보증금'은 임차중인 주택이 경매에 들어갔을 경우 다른 채권자와 상관없이 임차인이 주임법에서 규정한 일정액을 최우선적으로 변제받는 금액을 말한다. 법에 무지한 취약 계층의 최소한의 생존권을 보호해주기 위해 만들어진 규정이다.

> **주택임대차보호법 제8조(보증금중 일정액의 보호)**
>
> ①임차인은 보증금중 일정액을 다른 담보물권자보다 우선하여 변제받을 권리가 있다. 이 경우 임차인은 주택에 대한 경매신청의 등기전에 제3조 제1항의 요건을 갖추어야 한다.

그런데 임차인이 주임법에서 규정하는 소액임차보증금을 변제받으려면 몇 가지 요건이 있다. 간단히 살펴보면 다음 4가지로 정리된다.

1) 소액임차보증금이 주임법상 지역별 일정한 금액 이하일 것
2) 주택에 대한 경매신청등기 전까지 대항력을 갖출 것
3) 임차한 주택이 경매 또는 체납처분에 따라 매각되어야 할 것
4) 임차인이 배당요구를 하거나 우선권 행사 신고를 할 것

첫째, 주임법에서 정하는 소액임차보증금은 지역별, 연도별 기준금액이 정해져 있다. 주임법은 사회적 취약계층을 보호하기 위해 만들어졌기에 끊임없이 개정을 거듭한다. 따라서 본인의 임차보증금이 주임법에서 규정하는 금액 한도 내에 있는지 살펴보아야 한다.

구체적인 사례를 통해 소액임차보증금 적용사례를 살펴보자.

최근 잘 아는 지인으로부터 갑자기 문의 전화가 왔다. 아들이 2020년 4월경 신림동의 다가구 주택에 임차보증금 4,000만 원, 월세 40만 원 조건으로 입주했는데, 갑자기 그 주택이 경매를 당했다고 한다.

그런데 직장생활로 바쁜 아들이 경매에 들어간 사실조차 모른 채 집주인에게 매달 월세를 꼬박꼬박 내고 있었다고 한다. 집주인은 경매개시 결정이 된 이후에 임차인의 우편함을 뒤져 관련 우편물을 바로바로 치워버렸기에 아들은 경매 관련 사실을 전혀 모르고 지내왔다.

또한 이분의 아들은 경매지식이 전혀 없어 집행관이 문 앞에 붙여둔 통지문을 보고 해

◆ **주택임대차보호법상 소액임차인 배당기준표**

◇ 시행일 별 소액보증금, 최우선변제금액

주 택 임 대 차 보 호 법

적용일자	서울 및 광역시		기타지역	
1984.6.14.	300만원 이하 300만원		200만원 이하 200만원	
1987.12.1.	500만원 이하 500만원		400만원 이하 400만원	
1990.2.19.	2,000만원 이하 700만원		1,500만원 이하 500만원	
1995.10.19.	3,000만원 이하 1,200만원		2,000만원 이하 800만원	
	서울, 수도권과밀억제	광역시(군, 인천제외)		기타지역
2001.9.15.	4,000만원이하 1,600만원	3,500만원이하 1,400만원		3,000만원이하 1,200만원
2008.8.21.	6,000만원이하 2,000만원	5,000만원이하 1,700만원		4,000만원이하 1,400만원
	서 울	수도권과밀억제	광역시+4개시[1]	기 타 지 역
2010.7.26.	7,500만원 이하 2,500만원	6,500만원 이하 2,200만원	5,500만원 이하 1,900만원	4,000만원 이하 1,400만원
2014.1.1.	9,500만원 이하 3,200만원	8,000만원 이하 2,700만원	6,000만원 이하 2,000만원	4,500만원 이하 1,500만원
	서 울	수도권과밀억제	광역시+5개시[2]	기 타 지 역
2016.3.31.	1억원 이하 3,400만원	8,000만원 이하 2,700만원	6,000만원 이하 2,000만원	5,000만원 이하 1,700만원
2018.9.18.	서 울 1억1천만원 이하 3,700만원	과밀억제+3개시[3] 1억원 이하 3,400만원	광역시+4개시[4] 6천만원 이하 2,000만원	기 타 지 역 5천만원 이하 1,700만원
2021.05.11.	서 울 1억5천만원 이하 5,000만원	과밀억제+4개시[5] 1억3천만원 이하 4,300만원	광역시+5개시[6] 7천만원 이하 2,300만원	기 타 지 역 6천만원 이하 2,000만원
2023.02.21.	서 울 1억6천5백만원 이하 5,500만원	과밀억제+4개시[5] 1억4천5백만원 이하 4,800만원	광역시+5개시[6] 8천5백만원 이하 2,800만원	기 타 지 역 7천5백만원 이하 2,500만원

주1) 시행일 전에 담보물권을 취득한 자에 대해서는 종전의 규정에 따름.
주2) 4개시[1]: 안산시, 용인시, 김포시, 광주시 포함
5개시[2]: 세종특별자치시,안산시,용인시,김포시,광주시포함
3개시[3]: 세종특별자치시, 용인시, 화성시 포함
4개시[4]: 안산시, 김포시, 광주시, 파주시 포함
4개시[5]: 세종특별자치시, 용인시, 화성시, 김포시 포함
5개시[6]: 안산시, 광주시, 파주시, 이천시, 평택시 포함
주3) 광역시에서 인천광역시 및 군지역은 제외

당번호로 전화했더니 아무도 전화를 받지 않아 보이스피싱인 줄 알고 무시했다고 한다. 결국 이분의 아들은 배당요구종기일(2025년 3월 25일)까지 배당요구 신청을 하지 못했고 한 달쯤 경과한 후에 놀라서 필자에게 연락한 것이다.

서울지역의 2020년 4월경(동 주택의 근저당권 설정 시점) 소액임차보증금은 다음 표에서 보듯이 2018.9.18.~2021.5.11. 사이이기에 1억 1천만 원이며, 최대 3,700만 원까지 배당받을 수 있다. 단, 무조건 배당요구종기일까지 법원에 배당요구 신청을 해야만 한다.

대법원에서는 소액임차인이 배당요구를 하지 않아 소액보증금을 지급받지 못한 경우 매수인(낙찰인)에 대해 임차보증금의 반환이나 우선변제를 할 수 없고('대법원87다카844 판결'), 다른 배당받은 후순위 채권자를 상대로 부당이득반환을 청구할 수 없다('대법원 2001다 70702판결')고 판시한 바 있다.

그렇다면 경매개시 이전에 임차권등기명령을 신청했던 임차인이 깜빡하고 배당요구종기일까지 관할법원에 배당요구 신청을 하지 않았을 경우, 어떻게 될까?

'대법원 2005다 33039 판결'을 보면 임차권등기를 해둔 임차인은 배당요구를 하지 않아도 당연히 배당받는다. 등기부등본에 주택 임차권등기 사실이 적시되어있기에 누가 봐도 확실한 임차인으로서 경매에서 흔히 발생하는 집주인과 임차인이 짜고 허위로 작성한 가짜계약서를 법원에 제출할 확률이 없기 때문이다.

> 【판결요지】
> 임차권등기명령에 의하여 임차권등기를 한 임차인은 우선변제권을 가지며, 위 임차권등기는 임차인으로 하여금 기왕의 대항력이나 우선변제권을 유지하도록 해 주는 담보적 기능을 주목적으로 하고 있으므로, 위 임차권등기가 첫 경매개시결정등기 전에 등기된 경우, 배당받을 채권자의 범위에 관하여 규정하고 있는 민사집행법 제148조 제4호의 "저당권·전세권, 그 밖의 우선변제청구권으로서 첫 경매개시결정 등기 전에 등기되었고 매각으로 소멸하는 것을 가진 채권자"에 준하여, 그 임차인은 별도로 배당요구를 하지 않아도 당연히 배당받을 채권자에 속하는 것으로 보아야 한다.

〈 대법원 2005다 33039 판결 〉

그렇다면 전세계약 시점에는 소액임차금 범위 안에 들었다가 2년 후 집주인의 요구로 보증금을 증액해 재계약했는데, 소액임차 기준액을 초과했을 경우는 어떻게 될까? 결론은 받을 수 없다.

얼마 전 인천시 미추홀구의 '건축왕' 전세사기 시 실제 발생한 사례다.

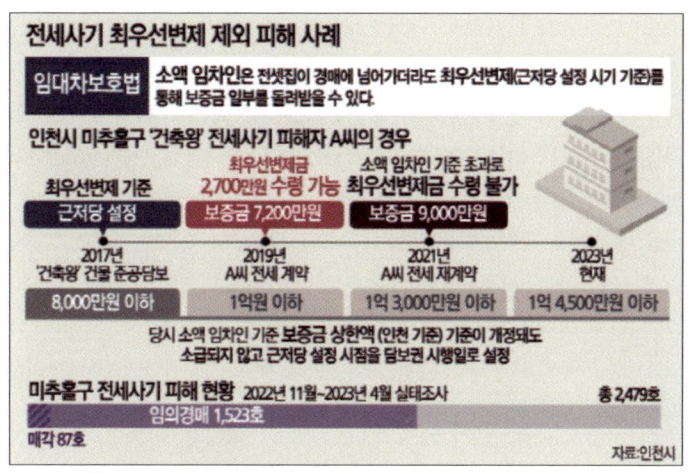

당시 어떤 임차인이 2017년 전세계약을 할 때는 보증금이 7,200만 원으로 주임법상 소액임차인 기준 금액 안에 들어갔었다. 그런데 2년 후 재계약 시점인 2019년도에 집주인의 증액 요구로 전세보증금을 9,000만 원으로 올려 계약했는데, 이 임차인이 간과한 부분은 전세 재계약 시점인 2021년도의 주임법상 소액임차보증금 기준이 1억원 이하라 소액임차금 기준 범위 안에 들어간다고 본 것이다.

많은 일반인이 잘못 알고 있는 지점이 바로 이 부분이다. 동 임차인의 전세계약 시점은 2017년인데 당시 전세보증금은 7,200만 원으로 이 금액은 인천지역에서 최우선변제 대상이 된다. 소액임차보증금은 임대차 계약 시점이 아니라 해당 건물에 설정된 은행 근저당권의 설정 시점을 기준으로 주임법상 기준금액을 살펴보아야 한다.

법의 취지는 근저당권 설정 당시의 채권자인 은행이 선의로 했기 때문에 보호해주어야 한다는 취지다. 은행은 항상 대출을 진행할 때 해당 주택에 방이 몇 개인지 꼼꼼히 체크를 한 후에 대출자가 희망하는 대출금액에서 방 갯 수에 따라 근저당권자가 경매 진행 시 못 받을 수 있는 소액임차보증금을 공제한 후에 대출해주기 때문이다. (은행 등 금융권에서는 이를 소위 '방빼기'라는 은어로 사용한다.)

해당 주택은 2017년에 근저당권이 설정되었기에 소액임차보증금 기준은 "2016.3.31.~2018.9.17" 시점의 금액을 보아야 한다. 인천지역은 8,000만 원 이하니 계약 시점은 대상이 되지만, 임차인이 2년 후 전세 재계약 시 금액을 1,800만 원 올려주어 9천만 원의 증액 계약을 체결하였기에 대상이 되지 않는다. 아마도 임차인은 전세재계약 시점인 2021년의 주임법 기준금액은 인천지역이 1억 원 이하니 해당된다고 보았을 것이다. 그러나 전세 재연장계약을 했더라도 최초 근저당권 설정 시점인 2017년을 기준으로 한 금액인 8천만 원을 초과하였으니 더 이상 최우선변제 대상이 아니다. 즉 집주인이 파산해 경매에 들어갈 경우 임차인은 한 푼도 건질 수 없다는 얘기다. 그렇다면 역으로 전세계약 후 2년 경과했을 때 보증금을 감액해서 소액임차기준이 되었을 때는 어떻게 될까? 대법원에서는 통정허위의 계약만 아니라면 가능하다는 입장이다.

대법원 2007다 23203 판결

【판결요지】

(1) 주택임대차보호법의 입법목적과 소액임차인 보호제도의 취지 등을 고려할 때, 채권자가 채무자 소유의 주택에 관하여 채무자와 임대차 계약을 체결하고 전입신고를 마친 다음 그곳에 거주하였다고 하더라도, 임대차 계약의 주된 목적이 주택을 사용·수익하려는 것에 있는 것이 아니고 소액임차인으로 보호받아 선순위 담보권자에 우선하여 채권을 회수하려는 것에 주된 목적이 있었던 경우에는, 그러한 임차인을 주택임대차보호법상 소액임차인으로 보호할 수 없다.

(2) 실제 임대차계약의 주된 목적이 주택을 사용·수익하려는 것인 이상, 처음 임대차계약을 체결할 당시에는 보증금액이 많아 주택임대차보호법상 소액임차인에 해당하지 않았지만, 그 후 새로운 임대차계약에 의하여 정당하게 보증금을 감액하여 소액임차인에 해당하게 되었다면, 그 임대차계약이 통정허위표시에 의한 계약이어서 무효라는 등의 특별한 사정이 없는 한 그러한 임차인은 같은 법상 소액임차인으로 보호받을 수 있다.

TIP | 소액임차인이 배당이의소송하는 방법은?

최우선변제권을 가진 소액임차인은 경매배당 절차에서 주임법에서 규정한 지역별 금액 한도 내에서 소액임차보증금을 배당받을 수 있다. 단, 이때 주의할 점은 기준시점을 판단할 때 임차계약서 작성일자가 아니라 집 주인부동산의 근저당권 설정일을 기준으로 한다는 점이다. 즉 대출 당시의 주임법상 최우선보증금액 범위를 고려해 대출해준 근저당권자(은행)가 법규 개정으로 피해가 발생할 수 있어 주임법은 근저당권 설정일을 소액임차인 보증금 범위를 판별하는 기준시점으로 잡고 있다.

◆ 주임법상 최우선 소액임차 보증금 범위 기준표

적용일자	서울특별시 및 광역시			기타지역
1984.06.14	300만원 이하 / 300만원			200만원 이하 / 200만원
1987.12.01	500만원 이하 / 500만원			400만원 이하 / 400만원
1990.02.19	2,000만원 이하 / 700만원			1,500만원 이하 / 500만원
1995.10.19	3,000만원 이하 / 1,200만원			2,000만원 이하 / 800만원
	서울,과밀억제권역	광역시 (군, 인천 제외)		기타지역
2001.09.15	4,000만원 이하 / 1,600만원	3,500만원 이하 / 1,400만원		4,000만원 이하 / 1,400만원
	서울특별시	수도권 과밀억제권역	광역시 (군지역 제외)	기타지역
2010.07.28	7,500만원 이하 / 2,500만원	6,500만원 이하 / 2,200만원	5,500만원 이하 / 1,900만원	4,000만원 이하 / 1,400 만원
2014.01.01	9,500만원 이하 / 3,200만원	8,000만원 이하 / 2,700 만원	6,000만원 이하 / 2,000 만원	4,500만원 이하 / 1,500만원
2016.03.31	1억원 이하 / 3,400만원			5,000만원 이하 / 1,700 만원
2018.09.18	1억 1,000만원 이하 / 3,700만원	1억원 이하 / 3,400만원		
2021.05.11	1억 5,000만원 이하 / 5,000만원	1억 3,000만원 이하 / 4,300만원	7,000만원 이하 / 2,300만원	6,000만원 이하 / 2,000 만원
2023.02.21	1억 6,500만원 이하 / 5,500 만원	1억 4,500만원 이하 / 4,800만원	8,500만원 이하 / 2,800만원	7,500만원 이하 / 2,500만원

그런데 만약 배당기일 날 일부 채권자가 소액임차인의 최우선변제 배당에 이의를 제기하여 수령하지 못했을 경우, 소액임차인은 어떻게 해야 할까?
일단 채권자의 배당이의 내용을 차분히 검토한 후에 다음 양식을 참고로 배당이의의 소장(소액임차보증금)을 작성해 제출하면 된다.

소 장

원 고 ○○○(주민등록번호)
　　　　○○시 ○○구 ○○길 ○○(우편번호)
　　　　전화·휴대폰번호:

피 고 1. 주식회사 ◇◇은행
　　　　○○시 ○○구 ○○길 ○○(우편번호)
　　　　대표이사 ◇◇◇
　　　　전화·휴대폰번호:

배당이의의 소

청 구 취 지

1. ○○지방법원 20○○타경○○○호 부동산담보권실행을 위한 경매신청사건에 관하여 20○○. ○. ○. 같은 법원이 작성한 배당표 가운데, 원고에 대한 배당액 금 ○○○원을 금 ○○○○원으로, 피고 주식회사 ◇◇은행에 대한 배당액 금○○○○원을 금 ○○○원으로, 피고 ◈◈◈에 대한 배당액 금 ○○○○원을 금 ○○○원으로 경정한다.

2. 소송비용은 피고들의 부담으로 한다.
라는 판결을 구합니다.

청 구 원 인

1. 원고는 20○○. ○. ○. 소외 ■■■로부터 ○○시 ○○구 ○○길 ○○ 조적조 슬래브지붕 단층주택 가운데 1층 방 2칸을 전세보증금 1,700만원, 임대기간 정함이 없이 임차한 뒤, 같은 날 전입신고를 마치고 거주하고 있다가 20○○. ○. ○○. 확정일자를 갖추어 주택임대차보호법 제3조 제1항의 대항요건 및 소정의 우선변제요건을 모두 갖추었습니다.

2. 한편, 소외 ■■■는 위 부동산(다음부터 이 사건 부동산이라고만 함)에 관하여 20○○. ○○. ○. 채권최고액 금 42,000,000원, 채무자 소외 ■■■, 근저당권자 피고 주식회사 ◇◇은행으로 된 제1순위 근저당권설정등기를, 피고 ◈◈◈에게는 이 사건 부동산에 관하여 20○○. ○○. ○○. 채권최고액 금 75,000,000원, 채무자 소외 ■■■, 근저당권자 피고 ◈◈◈로 된 제2순위 근저당설정등기를 설정해주었습니다.

3. 최우선변제권이 인정되는 소액임차인 해당여부 및 그 범위

주택임대차보호법 제8조 제1항에 의하면 「임차인은 보증금중 일정액을 다른 담보물권자보다 우선하여 변제받을 권리가 있다. 이 경우 임차인은 주택에 대한 경매신청의 등기 전에 제3조 제1항의 요건을 갖추어야 한다.」라고 규정하고 있으며, 이 경우 보증금중 일정액의 범위를 주택임대차보호법시행령 제4조 및 제3조에 의하여 살펴보면, 서울특별시 및 수도권정비계획법에 의한 수도권 중 과밀억제권역과 광역시(군지역과 인천광역시지역을 제외)를 제외한 그 밖의 지역에서는 임차보증금 5,000만원 이하 임차인 중 1,700만원 한도로 정하고 있습니다.

4. 결 론

그렇다면, 원고의 임대차보증금 중 금 1,700만원의 범위에서 피고보다 최우선하여 변제(배당)받을 권리가 있다고 할 것이며, 따라서 피고 주식회사 ◇◇은행의 배당액 금 ○○○○원 가운데 금 ○○○원을 초과하는 부분과 피고 ◈◈◈의 배당액 금 ○○○○원 가운데 금 ○○○원을 초과하는 부분에 대한 부분은 위법한 것이므로 청구취지와 같이 배당표가 경정되는 것이 타당하다고 할 것입니다.

입 증 방 법

1. 갑 제1호증   전세계약서
1. 갑 제2호증   주민등록표등본

1. 갑 제3호증　　　　　　부동산등기사항증명서
1. 갑 제4호증　　　　　　배당표등본

첨 부 서 류

1. 위 입증방법　　　　　각 1통
1. 소장부본　　　　　　　2통
1. 법인등기사항증명서　　1통
1. 송달료납부서　　　　　1통

20○○. ○. ○.

위 원고 ○○○ (서명 또는 날인)

○○지방법원 귀중

CHECK | 임차인 대항력 발생 시점은?

다음 표에서 임차인이 7.1. 오전에 이사를 하고 오후 1시경 동사무소에 전입신고했는데 만약 악의적인 임대인이 같은 날 담보대출을 받을 경우 임차인의 대항력은 은행보다 하루 차이로 밀리게 된다.

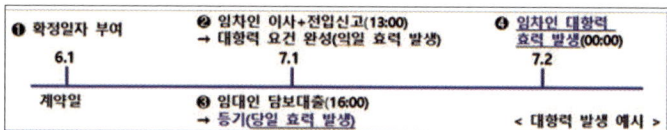

◆ 대항력, 최우선변제, 우선변제, 확정일자 한눈에 살펴보기!

	내용	성립요건	의미
대항력	경매나 매매로 소유자가 바뀌어도 자신의 임차보증금을 전액 회수할 권리	저당권 등 말소기준권리보다 선순위로 ①전입 ②점유 ③채권이 있을 것	임차기간중에 소유자가 바뀌어도 보증금을 전액 회수할 때까지 자신의 임대차 계약을 주장하면 명도당하지 않을 권리
최우선변제	권리성립순위에 상관없이 일정액 이하의 소액보증금에 대해 다른 권리자들 보다 최우선적으로 변제받을 권리	경매개시결정 기입등기일보다 먼저 ①전입 ②점유 ③채권 ④배당요구할 것	임대차 보증금중 일정액 이하의 최우선 배당, * 주택은 1/2, 상가는 1/3 배당 가능
우선변제	다른 권리자들과 순위배당에 참여해 자신의 채권을 확보할 수 있는 권리	경매개시 결정기입등기보다 먼저 ①전입 ②점유 ③채권 ④확정일자있고 ⑤배당요구할것	물권적 효력발생 규정으로 순위배당에 참여함
확정일자	채권인 임대차계약서에 확정일자를 부여 받으면 그날부터 채권에 물권적효력발생	시기 상관없이 임대차계약서에 확정일 날인 받을 것	주택은 관할 동사무소, 등기소, 공증사무소, 상가는 관할 세무서에서 부여받음

CHECK | '전세'가 물권이 아닌 임차권이라고?

> **민법 제303조(전세권의 내용)**
>
> ① 전세권자는 전세금을 지급하고 타인의 부동산을 점유하여 그 부동산의 용도에 좇아 사용·수익하며, 그 부동산 전부에 대하여 후순위권리자 기타 채권자보다 전세금의 우선변제를 받을 권리가 있다.

일반인은 대부분 시중에서 통용되는 전세를 민법에서 말하는 '전세권'으로 오해한다. 하지만 엄밀히 말해 시중의 전세는 전세권이 아닌 임차권, 즉 채권적 전세일 뿐이다. 민법에서 말하는 물권으로서의 전세권은 임대인과 임차인이 전세권 설정계약을 한 뒤에 설정등기를 해야 인정된다.

시중에서 통용되는 2년짜리 전세계약들이 등기하지 않은 채권적 전세이기에 과거에는 임대인이 경매 등의 사유로 제삼자로 교체가 되면 대항할 수가 없었다. '매매는 임

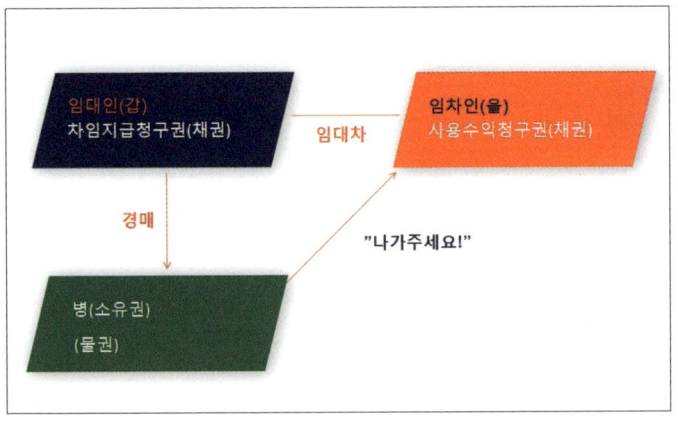

차를 깨트린다'는 유명한 문구가 파생된 이유다.

그러나 채권적 전세의 모순으로 쫓겨나는 임차인들이 급증함에 따라 1982년 제정된 주임법에서는 집주인에 대비해 불리한 임차계약을 맺은 임차인의 보증금을 보호하기 위해 대항력과 우선변제권을 부여함으로써 피해를 최소화했다.

전세사기 vs 역전세 vs 깡통전세 vs 갭투자

'전세사기'란 흔히 다세대주택(빌라)나 오피스텔 등 소규모 주택의 건축업자와 임대업자, 공인중개사 등이 사전에 미리 공모하여 바지 임대인(신용불량자)을 내세워 임차인 모집, 계약서 작성 등으로 역할을 분담해 수백 채의 주택을 무자본 갭투자 방식으로 대거 사들인 후 전세계약 만료 후 보증금을 돌려주지 않는 사기 형태를 말한다.

사실 최근 빌라건축업자들이 수십 채 혹은 수백 채 규모의 신축빌라를 대거 분양하는 과정에서 미분양으로 인해 자금난에 처하면 불가피하게 공인중개사들과 협업을 통해 전세 임대형식으로 빼는 사례가 관행화되어 있기에 이러한 빌라건축업자들을 무조건 전세사기범으로 모는 것도 무리한 측면이 있다. 법원에서는 사전 임대단계에서 임차인을 속이려는 '고의성'이 있었는지 여부를 놓고 단순 보증금 미반환 사고인지 아니면 전세사기인지 등을 판가름할 것이다.

'역전세'란 전세 시세가 2년 전 시세보다 급락해 임대인이 임차인에게 보증금을 돌려주지 못할 경우 발생한다. 이럴 때는 임대인이 임차인에게 전세 차액 일부만 돌려주고 전세 기간을 재연장하거나 전세금 대출이자 일부를 따로 지원하는 형태의 '역월세'로 재계약한다.

'깡통전세'란 매매가와 전세보증금 간에 시세 차이가 거의 없는 주택을 말한다. 예를 들어, 지난 2020.7.31 주택임대차보호법 개정에 따른 계약갱신권(2+2) 인정 등으로 전세물량이 소진하며 단기간에 전셋값이 급등했을 때 고가의 전세보증금으로 계약했다가 2년 후 부동산 경기침체 등으로 집값이 급락하게 되면 집을 팔아도 전세보증금을 갚을 수 없는 경우에 많이 발생하게 된다.

전셋값이 급등하던 시기에는 갭투자자들이 많이 발생하게 된다. 1970년 이래 수도권 특히 서울권 아파트의 가격은 지속적으로 상승해 왔기에 자본이 부족한 젊은 직장인들 가운데서는 단기 시세차익을 노리고 전세 끼고 차액만 주고 집을 사는 '갭투자'가 유행해왔다.

이러한 '갭투자' 방식의 투자는 부동산 급락기에 위험에 처하게 된다. 단순히 1채 정도만 갭투자 형태로 샀을 경우 기존 전세임차인에게 차액만을 돌려주거나 '역월세' 식으로 재계약하면 되지만, 수십 채 이상을 무자본 갭투자방식으로 매수했을 경우 나중에 현금유동성 부족으로 전세임차인에게 보증금을 반환해주지 못하는 경우가 생긴다.

CHECK | '갭투자'의 빛과 그림자

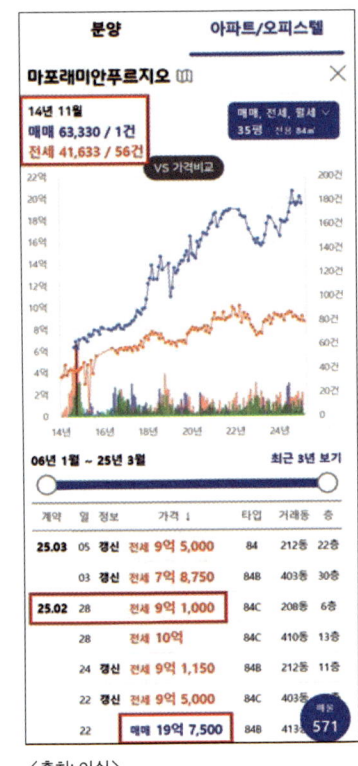

〈출처: 아실〉

▶ 아파트 실거래가 사이트인 '아실'앱에서 마포구의 대장아파트 중 하나인 '마포래미안 푸르지오'의 2014년 11월 매매가와 전세가 차이를 비교하면 2억 2,000만 원밖에 안 난다.

▶ 당시 누군가 2억 2,000만 원만 들고 전세 낀 채로 집을 샀다면 약 10여 년이 경과한 2024.11월경 시세가 20억원 정도니 최소 14억원 차익은 났다는 얘기다. 단순히 10년 동안 저축만 해서 같은 집을 사기는 거의 불가능하다. 예를 들어 4억 원 전세임차인이 20억 원 집을 사려면 매년 1억 4천만 원씩 10년간 저축해야 가능하다. 부동산 투자 등 재테크 없이 단순히 저축만 해서는 서울의 급등하는 집값 상승을 따라잡기가 힘들다.

▶ 강남권과 목동, 송도 등 인기 지역 아파트에 대한 젊은 직장인들의 아파트 '갭투자' 행태를 무조건 비난할 수만은 없는 논리다. 다만, 여러 채의 아파트를 나중에 도저히 뒷감당하지 못할 자본력으로 전세 끼고 사는 갭투자자라면 비난받아야 할 것이다.

다음은 전세임차인이 집주인으로부터 보증금을 돌려받지 못했을 때 단계적으로 어떻게 해야 할지 시나리오별 대응책을 살펴보기로 하자.

전세보증금을 돌려받는 법

우리 민법에서 말하는 전세권은 등기부등본에 '등기할 수 있는 물권'을 지칭하나, 실제 일반인들이 집주인과 거래하는 전세계약은 이러한 '물권'이 아니라 쌍방간 임차계약한 것이기에 '채권'에 불과하다.

다만 서민들의 주거 안정을 위해 제정된 주택임대차보호법을 통해 채권적 임차권에 물권적 효력을 부여해주었다. 즉 경매처분권은 없지만, 주택전입신고(점유)와 확정일자를 통해 대항력과 우선변제권을 부여함으로써 경매 시에 본인들의 보증금을 보전받을 수 있도록 한 것이다. 이를 채권의 물권화라고 한다.

진정한 의미의 전세권은 해당 부동산 등기부에 등기설정할 수 있는 전세권을 일컫는다. 그런데 전세계약 시 전세권등기를 원하는 임차인의 요청을 들어줄 임대인은 거의 없다. 만약 전세기간이 만료되어 보증금을 안 돌려줄 경우 기설정된 전세권등기를 토대로 임차인은 별도의 소송 절차 없이 바로 임의경매를 신청할 수 있기 때문이다.

그럼, 만약 집주인이 전세계약 만료 후에도 보증금을 돌려주지 않을 경우 임차인은 어떤 태도를 취해야 할까? 구체적인 법적 프로세스에 대해 하나씩 살펴보자.

임차인이 전세금을 반환하지 않는 집주인으로부터 돈을 강제로 반환받기 위해서는 법원으로부터 "집주인은 세입자에게 보증금을 줄 것"이라는 내용의 집행권원을 받아내야 한다. 임차인이 승소 판결문, 즉 집행권원을 확보하게 되면 집주인이 가장 애지중지하는 집을 임차인 마음대로 경매칠 수 있다. 이후 임차인은 강제경매 배당절차를 통해 전세보증금을 전부 또는 일부 회수할 수 있다. 집주인에게 보증금을 반환받기 위한 '집행권원'을 얻는 방법에는 크게 두 가지가 있다.

1) 지급명령 2) 민사소송

지급명령은 소송을 간소화시킨 약식 소송절차다. 임차인이 법원에 지급명령신청서를 제출하면 법원 판사는 별도의 재판을 열지도 않고 서류만 검토한 후 "집주인이 세입자에게 보증금을 줄 것"을 명시하는 지급명령을 내려준다.

지급명령의 장점은 집주인이 2주 동안 이의신청하지 않는다면 그대로 확정이 되어 단시일 안에 집행권원을 확보할 수 있다는 것이다. 다만 단점은 집주인이 이의신청할 경우, 임차인은 다시 법원에 정식으로 민사소송을 진행해야 한다는 번거로운 점이 있다.

민사소송은 절차적으로 약간 더 복잡하다. 세입자가 법원에 '보증금

반환청구소송'을 제기하면 법원은 소장을 집주인에게 우편으로 보내고 집주인의 입장을 듣기 위해 약 한 달의 시간, 즉 '답변서 제출기간'을 갖는다. 이후 원고와 피고는 변론기일에 법원에 출석하여 각각 자신의 입장을 진술하고 이를 종합적으로 들은 판사가 재판을 마친다. 판사는 변론 종결 후 다시 한 달 정도 후의 날짜를 정해 판결을 선고한다. 이를 '판결선고기일'이라 한다.

지급명령이든 민사소송이든 집행권원(승소 판결문)을 받아 든 세입자는 이후 집행법원에 가서 집주인의 부동산에 대해 강제경매를 신청하면 된다. 법원은 관련서류를 검토한 후에 이상 없으면 강제경매개시결정을 내리고 현황조사, 감정평가, 신문공고 등 경매절차를 진행한다. 이후 제삼자에게 해당 부동산이 매각되면 임차인은 배당절차를 통해 본인의 보증금을 전부 또는 일부 환수받을 수 있게 된다.

TIP | 임차인의 지연이자는 얼마나 청구할 수 있을까?

임차인은 임대인의 전세금 반환 지연으로 인해 손해를 입었기에 당연히 전세보증금 지연이자 같은 별도의 손해배상 청구가 가능하다.
임차인이 전세보증금 지연이자를 청구하게 될 경우, 이때 발생하는 지연이자는 소장부본 송달 전까지 당사자 간 별도로 정한 이율이 없다면 통상적으로 민사이율인 연 5%(상사는 연 6%)가 적용되며, 소장부본 송달 시부터는 소촉법에 따라 연 12%의 법정이율이 적용된다.

STEP 1 | 내용증명 발송하기

내 용 증 명

발 신 인 ○ ○ ○
　　　　　주 소

수 신 인 ○ ○ ○
　　　　　주 소

임대차계약 해지 통고

1. 본인은 귀하와 0000년 00월 00일 본인 소유의 주택에 대하여 아래와 같이 임대차계약을 체결한 바 있습니다.

- 아　　래 -

목적물 : 00시 00로 00번길 00　00길 000호 아파트 000㎡
임차보증금 : 금 00,000,000원
월 임대료 : 금 000,000원
임대차기간 : 0000년 00월 00일부터 0000년 00월 00일까지

2. 귀하는 위 계약에 따라 본인에게 계약금 금0,000,000원을 계약 당일 지급하고, 나머지 금00,000,000원은 같은 해 00월 00일 지급하여 잔금지급일부터 입주해오고 있습니다.

3. 그런데, 귀하는 0000년 00월부터 아무런 사유 없이 월임대료를 지급하지 아니하여 본인은 0000년 00월 00일자 등 수 차례 귀하에게 체납 임대료 지급을 최고하였습니다.

4. 그럼에도 불구하고 귀하는 체납 임대료를 지급하지 않고 있어 본인은 귀하에게 서면으로 임대차계약 해지를 통지하오니 본 서면을 받는 즉시 위 건물을 명도해주시고 밀린 임대료를 지급하여 주시기 바랍니다. 만일, 위 기한내 건물명도 및 체납 임대료를 변제하시지 않으면 본인은 부득이 법적 조치를 하겠으니 양지하시기 바랍니다.

20○○. ○. ○.
위 발신인   ○○○

STEP 2 | 주택임차권 등기명령 신청하기

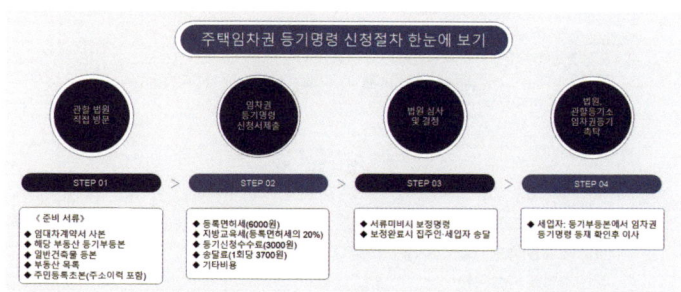

세입자가 계약기간이 만료되어 이사 나가려고 할 때 보증금을 반환하겠다는 임대인의 말만 믿고 무심코 이사를 가버리면, 대항력을 상실하게 되어 보증금을 돌려받기가 어려워진다.

이때 세입자는 반드시 다른 집으로 이사하기 전에 '임차권등기명령'을 신청해야 한다. 세입자가 부동산소재지 법원에 '주택임차권등기'를 신청하면 대략 보름 후에 집주인

부동산의 등기부등본에 '주택임차권등기'가 기재된다. 세입자는 반드시 집주인 부동산의 등기부등본을 발급받아 '을구'에서 '주택임차권등기'를 확인한 후에 이사 가야 한다.

> **※ 주택임차권 등기명령 신청시 준비서류**
> - 임차권등기명령신청서 1부
> - 임대차계약서 1부
> - 등기사항전부등명서 1부
> - 주민등록등본 1부
> - 내용증명서 1부
> - 부동산표시목록 5부
>
> ※ 다가구주택(빌라)의 경우 주택 도면 1부

주택임차권 등기명령 신청

신 청 인(임차인) ○ ○ ○(111111-1111111)
　　　　　　　　○○시 ○○구 ○○로 ○○(우편번호 : ○○○-○○○)

피신청인(임대인) _ _ _(111111-1111111)
　　　　　　　　○○시 ○○구 ○○로 ○○(우편번호 : ○○○-○○○)

신 청 취 지

○○시 ○○구 ○○동 ○○ 지상 벽돌조 기와지붕 단층주택 90㎡에 관하여 아래와 같은 주택임차권등기를 명한다.
라는 결정을 구합니다.

아　　래

1. 임대차계약일자: 20○○년 ○월 ○○일
2. 임대차보증금액: 금 70,000,000원
3. 주민등록일자 : 20○○년 ○월 ○○일
4. 점유개시일자 : 20○○년 ○월 ○○일
5. 확정일자　　 : 20○○년 ○월 ○○일

신 청 이 유

신청인은 피신청인과 위 주택에 대하여 20○○년 ○월 ○○일 부터 1년간 임대차계약을 체결하고 현재까지 거주하고 있습니다. 그러나 임대차기간이 20○○년 ○월 ○○일 만료되어 새로운 곳으로 이사하려 하나 보증금을 반환받지 못하여 부득이 이 건 신청에 이르게 되었습니다.

첨 부 서 류

1. 건물등기사항증명서   1통
1. 일반건축물등본   1통
1. 주민등록등본   1통
1. 임대차계약서 사본   1통
1. 부동산목록   1통

20○○년 ○월 ○○일

신청인 ○ ○ ○ (인)

○ ○ 지 방 법 원 귀중

STEP 3 | 전세보증금 반환 지급명령 신청하기

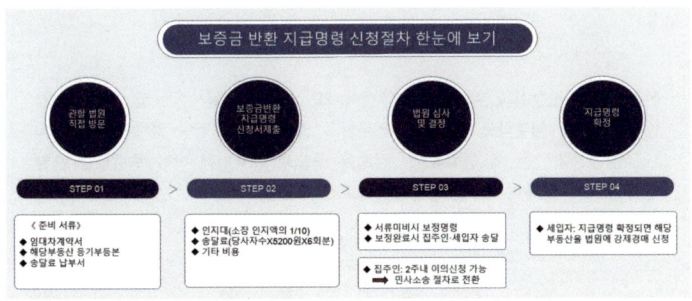

전세기한이 만료된 세입자가 전세보증금을 반환받으려면 집주인을 상대로 소송을 해야 한다. 그런데 소송은 시간이 오래 걸리고 변호사도 써야 하는 등 비용이 많이 든다. 이때 쓸 수 있는 카드가 지급명령이다. 지급명령의 장점은 서면심리로 끝나고 상대방이 2주 안에 이의제기하지 않으면 그대로 확정되기에 소송보다 절차나 시간, 비용면에서 훨씬 유리하다. 다만 집주인이 이의신청할 경우, 다시 민사소송으로 전환해야 하는 번거로움은 있지만, 사안 자체가 확실하기에 일단 부동산 소재지 법원에 지급명령을 신청한 후에 집주인의 대응 여하에 따라 처리하면 될 일이다.

만약, 집주인이 이의신청하지 않아 승소결정문이 나오면 세입자는 이를 토대로 집주인 부동산을 집행법원에 강제경매칠 수 있다. 강제경매가 진행될 경우, 세입자는 다른 채권자들과 우선순위에 따라 자신의 보증금을 전부 또는 일부 배당받을 수 있다. 만약 세입자가 강제경매절차를 통해서도 자신의 보증금을 전부 변제받지 못할 경우 집주인의 다른 재산을 찾아서 강제경매에 부치면 된다. 집주인의 다른 재산을 찾는 방법은 1) 재산명시신청 2) 재산조회신청 3) 신용정보회사 의뢰 등의 방법이 있다. 이 부분은 나중에 추심 편에서 더 상세히 다루도록 하겠다.

지급명령신청

채권자 ○○○(주민등록번호)
　　　○○시 ○○구 ○○길 ○○(우편번호 ○○○-○○○)
　　　전화.휴대폰번호:

채무자 ◇◇◇(주민등록번호)
　　　○○시 ○○구 ○○길 ○○(우편번호 ○○○-○○○)
　　　전화.휴대폰번호:

임차보증금반환청구의 독촉사건

청구금액 : 금 35,000,000원

신 청 취 지

채무자는 채권자에게 금 35,000,000원 및 이에 대하여 20○○. ○○. ○○.부터 이 사건 지급명령정본을 송달 받는 날까지는 연 5%, 그 다음날부터 다 갚는 날까지는 연 12%의 각 비율에 의한 금액 및 아래 독촉절차비용을 합한 금액을 지급하라는 지급명령을 구합니다.

아　래

금　원　　독촉절차비용

내　역

금　원　　인 지 대
금　원　　송 달 료

신 청 이 유

1. 채권자와 채무자는 20○○. ○. ○. 피고 소유 ○○시 ○○구 ○○길 ○○ 소재 목조기와지붕 평가건물 단층주택 47.36㎡ 중 방 1칸 및 부엌에 대하여 임차보증금 35,000,000원, 임대차기간은 2년으로 하는 임대차계약을 체결하고 점유.사용하여 오다가 20○○. ○○. ○. 임대차계약기간의 만료로 인하여 임대인인 채무자에게 건물을 명도 하였습니다.
2. 그렇다면 채무자는 채권자에게 위 임차보증금을 지급할 의무가 있음에도 불구하고 지급하지 아니하여 채권자는 채무자에게 임차보증금을 반환하여 줄 것을 여러 차례에 걸쳐 독촉하였음에도 채무자는 지금까지 위 임차보증금을 반환하지 않고 있습니다.
3. 따라서 채권자는 채무자로부터 위 임차보증금 35,000,000원 및 이에 대한 20○○. ○○. ○○.부터 이 사건 지급명령결정정본을 송달 받는 날까지는 민법에서는 연 5%, 그 다음날부터 다 갚는 날까지는 소송촉진등에 관한특례법에서 정한 연 12%의 각 비율에 의한 지연손해금 및 독촉절차 비용을 합한 금액의 지급을 받기 위하여 이 사건 신청을 하기에 이르게 된 것입니다.

첨 부 서 류

1. 부동산임대차계약서　　　　1통
1. 부동산등기사항증명서　　　1통
1. 송달료납부서　　　　　　　1통

　　　　　　　　　　20○○. ○○. ○○.
　　　　　　　　　　위 채권자 ○○○ (서명 또는 날인)

○○지방법원 귀중

STEP 4 | 전세보증금 반환 민사소송하기

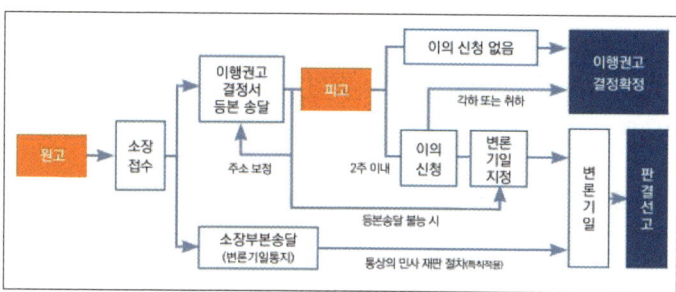

소송 절차 한눈에 살펴보기

집주인이 세입자가 제기한 보증금 반환 지급명령신청에 이의를 제기할 경우, 세입자는 어쩔 수 없이 민사소송절차로 전환해야 한다.

지급명령이든 민사소송이든 세입자가 승소를 할 경우, 보증금반환을 거부하는 집주인의 부동산을 강제경매칠 수 있는 집행권원을 확보하게 된다. 통상적으로 민사소송은 집주인과 세입자가 법원에 출두해 원고와 피고로 나뉘어 법적인 공방을 벌이는 정식적인 소송절차인 반면에 지급명령은 법원이 한쪽(세입자)의 신청만으로 원하는 결정을 해주는 간소화된 민사절차다. 따라서 세입자 입장면에서는 비용이나 시간 면에서 지급명령이 훨씬 유리하지만 집주인이 이의제기할 경우 어쩔 수 없이 민사소송을 다시 진행해야 한다. 민사소송을 할 경우 변호사를 써서 진행해도 되고, 세입자가 이 책을 토대로 셀프소송을 진행해도 된다. 전세보증금 반환청구 소송 양식이 있고 비교적 승소 가능성이 확실한 사건이기에 법적 지식이 부족하더라도 의지만 있다면 세입자가 셀프소송을 진행해도 무리가 없을 것으로 판단된다.

소　　장

원　고　○○○ (주민등록번호)
　　　　○○시 ○○구 ○○길 ○○(우편번호)
　　　　전화·휴대폰번호:
　　　　팩스번호, 전자우편(e-mail)주소:

피　고　◇◇◇ (주민등록번호)
　　　　○○시 ○○구 ○○길 ○○(우편번호)
　　　　전화·휴대폰번호:
　　　　팩스번호, 전자우편(e-mail)주소:

임차보증금반환청구의 소

청 구 취 지

1. 피고는 원고에게 금 68,000,000원 및 이에 대한 이 사건 소장부본 송달 다음날부터 다 갚는 날까지 연 12%의 비율에 의한 돈을 지급하라.
2. 소송비용은 피고의 부담으로 한다.
3. 위 제1항은 가집행 할 수 있다.
라는 판결을 구합니다.

청 구 원 인

1. 원고는 피고와 20○○. ○. ○. 피고 소유의 ○○시 ○○구 ○○길 ○○ 소재 ○○아파트 203동 401호를 임차보증금 68,000,000원, 임대차기간 20○○. ○. ○.부터 2년으로 하여 임차한 사실이 있습니다.

2. 원고는 임대차계약기간이 끝나기 1개월 전에 임대인인 피고에게 임대차계약 갱신거절의 통지를 하고 임차보증금의 반환을 요구하였으나, 피고는 별다른 사유 없이 임차보증금의 반환을 계속 미루고 있습니다.

3. 따라서 원고는 피고로부터 위 임차보증금 68,000,000원 및 이에 대한 이 사건 소장부본 송달 다음날부터 다 갚는 날까지 소송촉진등에 관한 특례법에서 정한 연 12%의 비율에 의한 지연손해금을 지급 받기 위하여 이 사건 청구에 이른 것입니다.

입 증 방 법

1. 갑 제1호증　　　　임대차계약서
1. 갑 제2호증　　　　영수증
1. 갑 제3호증　　　　통고서(내용증명우편)

첨 부 서 류

1. 위 입증방법　　　　각 1통
1. 소장부본　　　　　1통
1. 송달료납부서　　　1통

20○○. ○. ○.

위 원고　○○○ (서명 또는 날인)

○○지방법원 귀중

STEP 5 | 강제경매 신청하기

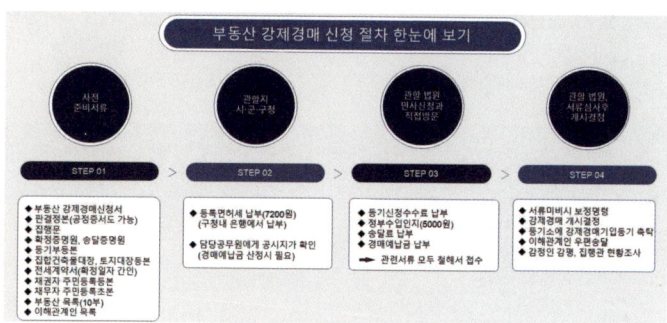

강제경매 신청절차 한눈에 보기

세입자가 임차보증금 반환 소송에서 승소한 이후에도 집주인이 계속 보증금 반환을 지체할 경우, 세입자는 집주인 부동산을 강제경매를 신청해 경매배당절차에서 보증금을 환수받아야 한다.

세입자가 법무사나 변호사 도움 없이 셀프로 강제경매를 신청하려면 다음과 같이 준비서류를 확보한 후에 강제경매 신청 프로세스대로 진행하면 누구나 가능하다.

강제경매 신청절차를 눈으로 간략히 살펴본 후에 아래와 같이 각각 단계별로 서류를 준비해 셀프로 진행해 보자.

1단계. 강제경매신청서를 작성한다.

강제경매신청서 양식은 법원경매정보(www.courtauction.go.kr)나 대한법률구조공단(www.klac.or.kr) 홈페이지에 들어가서 필요로 한 서식을 다운받으면 된다.

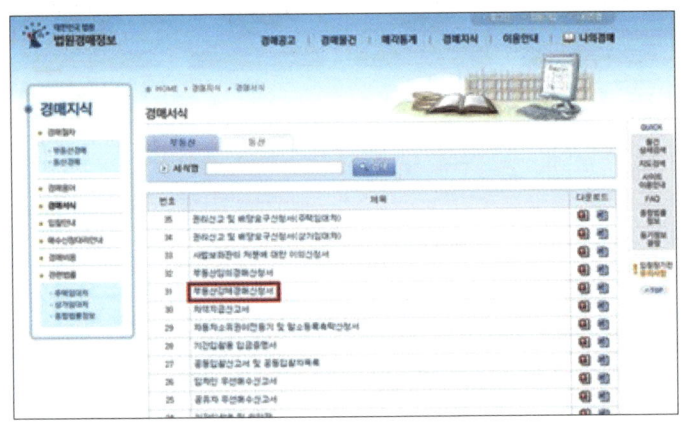

※ 본 저서의 양식들은 대한법률구조공단 서식을 참고로 하였음.

부동산강제경매신청

채 권 자 ○○○(주민등록번호)
         ○○시 ○○구 ○○길 ○○(우편번호)
         전화·휴대폰번호:

채 무 자 ◇◇◇(주민등록번호)
         ○○시 ○○구 ○○길 ○○(우편번호)
         전화·휴대폰번호:

청 구 금 액

금 ○○○원 및 이에 대한 20○○. ○. ○.부터 다 갚는 날까지 연 ○○%의 비율에 의한 이자 및 지연손해금

집행권원의 표시

채권자의 채무자에 대한 ○○지방법원 20○○. ○. ○. 선고 20○○가단○○○ 손해배상(자)청구사건의 집행력 있는 판결정본

경매할 부동산의 표시

별지목록 기재와 같음.

신 청 취 지

1. 채권자의 채무자에 대한 위 청구금액의 변제에 충당하기 위하여 별지목록 기재 부동산에 대한 강제경매절차를 개시한다.
2. 채권자를 위하여 별지목록 기재 부동산을 압류한다.
라는 재판을 구합니다.

신 청 이 유

1. 채권자는 채무자에 대하여 위 집행권원의 집행력 있는 판결정본에 의한 금 ○○○원 및 이에 대한 2025. ○. ○.부터 다 갚는 날까지 연 ○○%의 비율에 의한 이자 및 지연손해금채권을 가지고 있습니다.
2. 그런데 채무자는 위 채무를 지금까지 이행하지 않고 있습니다.
3. 따라서 채권자는 위 채권의 변제에 충당하기 위하여 채무자소유의 별지목록 기재 부동산에 대하여 강제경매를 신청합니다.

첨 부 서 류

1. 집행력 있는 판결정본   1통
1. 판결정본송달증명원   1통
1. 부동산등기사항증명서   1통
1. 건축물대장등본   1통
1. 토지대장등본(토지의 경우)   1통
1. 주민등록표등본(채권자의 것)   1통
1. 등록세·지방교육세영수필확인서, 영수필통지서 각 1통
1. 집행비용예납서   1통
1. 이해관계인목록   2통
1. 부동산목록   30통
1. 송달료납부서   1통

2025. ○. ○.
위 채권자 ○○○ (서명 또는 날인)

○○지방법원 귀중

2단계. 민사집행법 81조에 따른 서류를 구비한 후 강제경매신청서와 함께 경매계에 제출하면 된다.

민사집행법 제81조(첨부서류)

①강제경매신청서에는 **집행력있는 정본**외에 다음 각 호 가운데 어느 하나에 해당하는 서류를 붙여야한다.

1. 채무자의 소유로 등기된 부동산에 대하여는 **등기사항증명서**

2. 채무자의 소유로 등기되지 아니한 부동산에 대하여는 즉시 채무자 명의로 등기할 수 있다는 것을 증명할 서류. 다만, 그 부동산이 등기되지 아니한 건물인 경우에는 그 건물이 채무자의 소유임을 증명할 서류, 그 건물의 지번·구조·면적을 증명할 서류 및 그 건물에 관한 건축허가 또는 건축신고를 증명할 서류

구분	
1	강제경매신청서
2	판결정본(또는 지급명령 결정문)
3	집행문
4	확정증명원
5	송달증명원
6	등기사항전부증명서
7	집합건축물대장
8	토지대장등본
9	전세계약서(확정일자 적힌 계약서)
10	채권자(임차인) 주민등록등본, 채무자(임대인) 주민등록초본
11	이해관계인목록
12	부동산목록
13	등기신청수수료 영수증, 등록면허세 납부확인서
14	송달료 및 경매예납금 수입인지

참고로 준비서류들의 구체적인 발급 방법은 다음과 같다.

첫째, 판결정본, 집행문, 확정증명원, 송달증명원 4종 셋트 발급받기

위의 4가지 제증명 서류는 소송이 끝나고 약 2주가 경과하면 인터넷으로 발급 가능하다. 참고로 2주는 집주인이 항소할 수 있는 기간으로 집주인이 항소하지 않으면 이 소송은 확정이 된다. 이후에 임차인은 전자소송 홈페이지에서 위의 서류들을 발급받으면 된다.

1) 법원 전자소송(www.ecfs.scourt.go.kr)에서 '제증명발급'을 클릭!

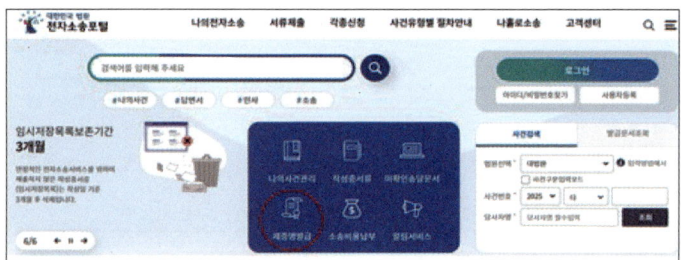

2) 확정증명, 송달증명, 집행문(정본 포함)을 순서대로 클릭해 한부씩 발급받는다. 판결정본은 집행문 발급시 함께 포함된다.

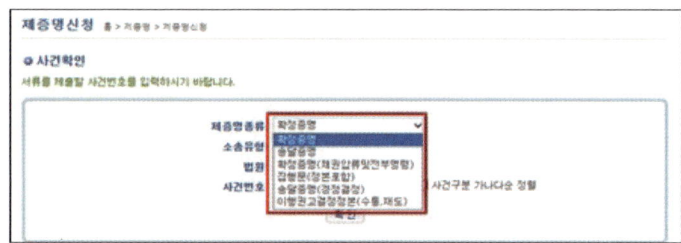

둘째, 등기사항전부증명서 발급받기

네이버에서 대법원 인터넷등기소(www.iros.go.kr)를 검색해서 들어간 후에 부동산 열

람·발급 버튼을 클릭하면 된다. 비용은 열람 700원, 발급 1,000원인데 발급버튼을 눌러서 프린트하면 된다.

셋째, 건축물대장, 토지대장 발급하기

네이버에서 '정부24'를 검색하면 홈페이지(www.gov.kr)가 뜬다. 이 화면에서 토지대장과 건축물대장 버튼을 눌러 발급하면 된다.

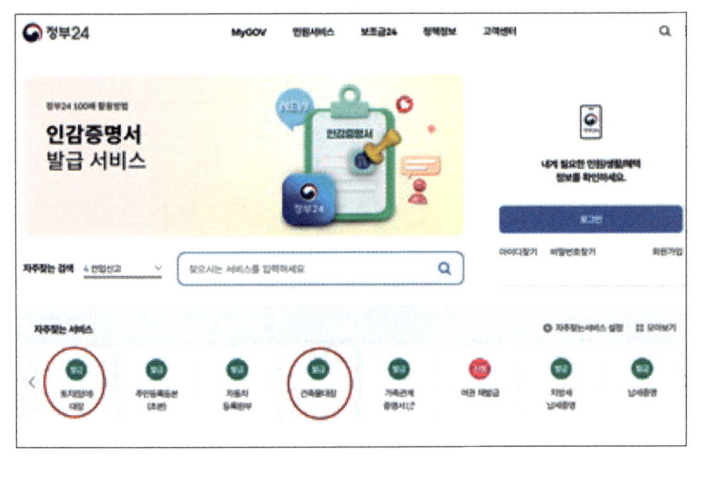

넷째, 등록면허세 납부 후 영수증 발급받기

등록면허세를 납부하는 방법은 ①관할지 시청(구청) 세무과 방문 ② 인터넷 위택스 납부 등 두 가지가 있다.

① 관할시청 세무과를 방문할 경우, 등록면허세신청서를 직접 작성해 제출한 후에 영수증을 받아 관내 은행에 가서 직접 납부하면 된다.

② 인터넷 위택스 납부 방법은 '파트4. 등기 편'에 상세히 기술해두었으니 그대로 따라 하면 된다.

다섯째, 임대인 주민등록초본, 임차인 주민등록등본 발급받기

관할 주민센터에 가서 임차인 본인의 주민등록등본과 집주인의 주민등록초본을 발급받는다. 임차인의 주민등록등본은 임차인의 임차권 등기 후 이사 여부와 대항력 성립 확인 등에 필요하고 집주인의 주민등록초본은 경매신청 후 우편송달 시 주소 확인차 필요하다.

여섯째, 수입인지·등기신청수수료·경매예납금 내기

관할법원 민사신청과를 방문, 수입인지·등기신청수수료·경매예납금을 납부한다. 수입인지·송달료·경매예납금 금액은 민사신청과 담당 직원에게 물어보면 정확히 알려준다.

일곱째, 부동산목록 작성하기(10부가 필요)

부동산 목록은 등기부등본을 발급받은 후에 표제부에 나와 있는 표시 사항을 옮겨적으면 된다. 총 10부가 필요하니 법원에서 수기로 써서 작성하기보다는 컴퓨터로 문서를 작성해 프린트하는 것이 편하다.

```
[별 지]

                    부동산의 표시

1동의 건물의 표시
   ○○시 ○구 ○○동 ○○○ ○○○아파트 제205동
   [도로명주소] ○○시 ○○구 ○○로 ○○

전유부분의 건물의 표시
   건물번호 : 205-5-508
   구   조 : 철근콘크리트조
   면   적 : 5층 508호 42.55㎡

대지권의 목적인 토지의 표시
   1. ○○시 ○구 ○○동 ○○○     대 15144.8㎡
   2.   같은 동      ○○○-2    대 1876.2㎡
   3.   같은 동      ○○○-3    대 5725.4㎡
   4.   같은 동      ○○○-4    대 6011㎡
   5.   같은 동      ○○○-5    대 2056㎡
   6.   같은 동      ○○○-6    대 3746.3㎡
   7.   같은 동      ○○○-7    대 1013㎡
   8.   같은 동      ○○○-8    대 2954.5㎡

대지권의 종류 : 1 내지 8 소유권

대지권의 비율 : 39.66/38527.2. 끝.
```

목록 예시: 대한법률구조공단 양식 참조

이제 강제경매신청서를 비롯해 판결정본·등기부등본·부동산목록 등 모든 서류가 완비되면 잘 철해서 민사신청과에 제출하면 끝!

STEP 6 | 경매 배당절차에서 보증금 환수하기

세입자가 집주인 부동산을 법원에 신청한 강제경매가 진행되어 경매절차를 통해 낙찰되더라도 배당금이 모두 세입자에게 자동적으로 지급되지는 않는다. 즉, 대항력을 확보한 임차인은 배당을 받을 우선순위를 가질 뿐이지 보증금을 100% 환수받는다는 얘기는 아니다.

대항력을 확보한 세입자는 배당을 받을 우선순위를 가졌기에 신청한 경매사건에서 배당요구 절차를 적극적으로 이행해야만 하며, 배당금은 경매절차에서 채권자 간 우선순위에 따라 차등 지급된다.

경매배당절차에서 1순위로 경매비용이 차감되며, 그다음 필요비와 유익비가 차감된다. 그다음 최우선변제권을 가진 소액임차인들에게 배당되고, 이어서 당해세가 배당된다. 나머지 금액에 대해 다른 채권자들과 대항력을 확보한 세입자가 우선순위에 따라 배당을 받는다.

따라서, 경매 절차에서 배당을 수령하려면 세입자는 먼저 자신의 배당순위를 명확히 인지한 가운데 이를 바탕으로 배당요구를 통해 법적 권리를 주장해야 할 것이다.

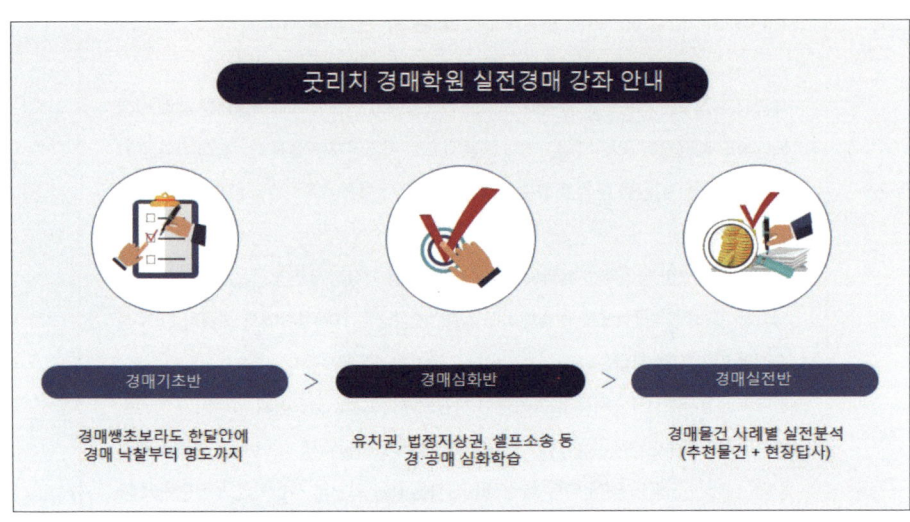

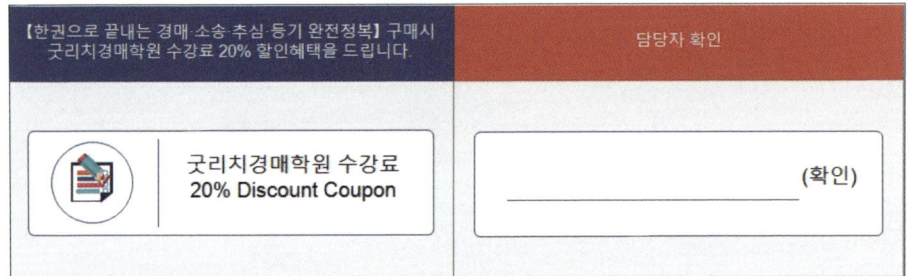

굿리치경매학원

일산 굿리치경매학원 홈페이지

링크   https://m.site.naver.com/1Q3lW